浙水遗韵

水定舟山

《浙水遗韵》编委会 编

杭州出版社

图书在版编目（CIP）数据

水定舟山 / 《浙水遗韵》编委会编 . -- 杭州 : 杭州出版社， 2022.12（2023.6 重印）
（浙水遗韵）
ISBN 978-7-5565-1952-1

Ⅰ . ①水… Ⅱ . ①浙… Ⅲ . ①水－文化遗产－介绍－舟山②水利工程－文化遗址－介绍－舟山 Ⅳ . ① K928.4 ② K878.4

中国版本图书馆 CIP 数据核字（2022）第 214361 号

水定舟山
Shui Ding Zhoushan

《浙水遗韵》编委会 编

责任编辑 沈 倩
装帧设计 屈 皓 王立超 卢晓明
美术编辑 卢晓明
责任校对 陈铭杰
责任印务 王立超
出版发行 杭州出版社（杭州市西湖文化广场 32 号 6 楼）
电话：0571-87997719 邮政编码：310014
网址：www.hzcbs.com
印　　刷 浙江国广彩印有限公司
经　　销 新华书店
开　　本 710 mm×1000 mm 1/16
印　　张 17.25
字　　数 274 千字
版 印 次 2022 年 12 月第 1 版 2023 年 6 月第 2 次印刷
书　　号 ISBN 978-7-5565-1952-1
定　　价 98.00 元

《浙水遗韵》编纂委员会

《浙水遗韵》编纂委员会办公室

《浙水遗韵·水定舟山》
编纂委员会

总序

一

鸿蒙上古，洪水肆虐；海晏河清，安澜浙江。

穿越时空，谁能证明那些被折叠在山水尘土中的沧海桑田？穿透岁月，谁能唤醒那些活跃在绚烂长河中的生命伸张？带着问题，一场特别的文化巡礼拉开帷幕。当时的一座坝，现在的一个谜，一些润物耕心的洗练，一切高岸深谷的变迁，都成了这场水文化之旅中的奇妙体验。

浙水文化起源自先民对水的最早认识和适应，嬗变在碰撞中发生，也在融合中沉淀。上山遗址出土的炭化稻米遗存，照射出一万年前水与稻作农业的交融。跨湖桥遗址保存的独木舟，荡起了八千年前向水而生的文明涟漪。河姆渡遗址的水井和干栏式建筑遗迹，见证了早期聚落取水、避水的杰出创造。良渚古城遗址的外围水利系统，奠定了五千年前良渚文明的兴起。

如果说浙江早期文明是点点繁星，那么由于水的涵养滋润，繁星最终汇成了壮丽天河。在这些星辰浩渺的水文化碎片中，我们见到了一个又一个历史的细节，看到了我们祖先逐渐铿锵的文明步伐。

人称东南形胜的浙江，并非自古繁华，今日之繁荣很大一部分得益于水利建设的发展与完善。在历代的治水实践中，人们抵御洪潮侵袭，大兴蓄灌引排之利，变斥卤不毛之地为桑田粮仓，不断捍卫生存家园、拓展发展空间，使浙江逐步成为宜产、宜业、宜居、宜游、宜学的民丰物阜之地、山川秀丽之境、文明礼仪之乡。

二

孜孜不倦，久盛长兴。如今，浙水遗韵，绵延于山海之间，回荡在浙江大地之上。

西湖的疏浚，不仅保留了淡妆浓抹总相宜的湖光山色，更可灌溉周边千亩良田，哺育出钱塘繁华，“参差十万人家”。鉴湖的开浚，一度使山会平原“无荒废之田，无水旱之岁”。溇港体系的建成，使太湖南沿沼泽上松软的涂泥成为适宜耕种的沃土，从此“山从天目成群出，水傍太湖分港流”，桑基鱼塘、丝绸之府、鱼米之乡成为湖州名片。白沙溪三十六堰、姜席堰的修筑，使得金衢盆地“每岁禾田无旱日，此乡农事有余秋”，成为浙中粮仓。通济堰、松阴溪古堰群的兴建，成就了碧湖平原和松古平原的殷实富饶。它山堰的兴建，灌田数千顷，使鄞西平原成为浙东重要产粮区，“一朝堰此水，千载粒吾民”。

始建于东汉的东苕溪西险大塘，经历代增筑，昂然屹立一千八百余年，是杭州城和杭嘉湖平原的重要防洪屏障。古处州、严州、衢州、临海、兰溪等地的防洪城墙，守护着临河古城的市井繁华。钱塘江海塘的兴修，使两岸杭嘉湖平原和萧绍平原免于咸潮侵害，成就了“苏湖熟，天下足”的经济格局。唐时“当今赋出天下，而江南居十九”，明代“浙东西又居江南十九”。清代乾隆帝六次南巡，四次亲巡海塘一线，足见海塘所系已不只是浙江，更是牵动整个国家的经济命脉。

慈溪、余姚等地历史上不断向外拓展的一道道海堤，将荒滩盐场变为农田桑麻之地，使得“从兹疆场水奠安，黍稷桑麻应郁然”。三江闸的兴建，集挡潮、蓄淡、排涝诸功能于一身，重整了河口灌排水系，使鉴湖湮废后的萧绍平原得以复兴。椒江河口右岸在千百年里以层层外推的十多条海塘，演绎着向海而生的勇毅。金清闸、新金清闸、金清新闸的迭代演进，八百年间蓄淡、御咸、排涝，成就了温黄平原的繁盛。

京杭运河和浙东运河的凿通，为商贾繁盛提供了舟楫之便，促成了杭州区域中心城市的崛起。温瑞塘河打通了东瓯动脉，促进内外物资、文化的交流，成就了温州山水人文城市的佳话。沿衢江、新安江、瓯江、甬江等水系及各支流星罗棋布的古埠渡口和码头，转运着人员物产，激荡着时代风云，思想、风气往往得天下之先，浙江商帮由此走向全国，走出海外。

遍布于浙江山区、平原、海岛的近六千处古井，解决了人们日常饮食起居的水源供应。看似原始简单的水井，有效地支撑了人们向艰苦环境的拓殖，支撑起各地乡村、城市的发展与繁华。

三

跃动于灵感之上，传承着古人治水的智慧与思想。它山堰、通济堰等巧妙的堰底倾角与拱形设计，龙游“南堰北塘”的格局体系，得益于治水技艺的传承与创新，古老的工程历经沧桑仍发挥效用。龙现梯田十三闸分流引水，蜀墅塘的三枧九圳分水体系，科学合理的水事制度，有力保证了农业生产，也维护了社会稳定。这些智慧的灵光记载于卷帙浩繁的水利文献典籍、丰富广布的石刻碑记之上，启迪着后人。

洋溢于点滴之中，塑造着浙江的气质禀赋和精神风貌。由水衍生出的民俗仪式和神话传说，寄托了人们对生活的美好向往：分布广泛的“大禹庙”，表达了人们对治水英雄的纪念；踏塘、祭潮的民间仪式，象征着人们对风调雨顺、河清海晏的珍视；流传广泛的防风治水、钱王射潮传说，反映了艰苦卓绝的治水历程，颂扬了不屈不挠的奋斗精神。正是有了山清水秀、江河安澜，才有了生活的诗意，有了乐山乐水的闲暇与浪漫。

从水利工程到技术制度、从民俗仪式到神话传说，从物质到精神的一切，携带着历史的、科学的、艺术的、文化的基因，成就了璀璨夺目的浙江水文化宝库。浙江省水利厅于2021年组织开展了全省重要水文化遗产调查。历时两年，各县（区、市）调查团队遍检群籍、查阅史料，翻山涉河、深入现场，不辞辛苦整编成果，筛选出全省水文化遗产10000余项，其中5200余项纳入“浙江水文化”数字平台。我们从中精心选录800余项按11个地市编纂成书，以飨读者。有诗画杭州、清丽湖州、水印嘉兴交织出的如画诗境，有源起衢州、水墨金华、山川丽水描绘出的绝代风华，有理水绍兴、安澜宁波、水定舟山传颂着趋利避害的治理传奇，有潮起台州、平水温州咏唱着催人奋进的山海长歌。

这些水文化遗产带着特定环境与时代的烙印，是跨越了时间的宝贵财富。当水流翻过古老的堰坝，当江潮拍打鱼鳞石塘，当余晖映红运河水道，当大禹祭典的钟鼓震颤长空，我们仍能感到迎面拂来的那阵暖风，吹来的是未泯的典范和当下的星空，还有无数个我们未完待续的如水诗篇。

目录

万古流芳载海邦

水定舟山

定海山

〔清〕朱绪曾

一境磨青岛屿环，巍峨片石峙天关。

帆樯不动龙蛇护，日月高悬定海山。

舟山历史悠久，人类活动历史可以追溯至6000年前的新石器时代，属外越民族的分支。春秋时属越国东境，称甬东。秦汉时期徐福、葛玄、梅福、安期生等都有涉足，其后一些史书遂称舟山岛为“翁洲”。唐开元二十六年（738），置翁山县。此后屡有变迁，明清两朝还有几次驱迁岛上居民于陆地。直至清朝康熙年间，朝廷颁“展海令”，舟山始置定海县。

舟山虽悬于东海之中，却有鱼盐之利、舟楫之便，居民捍卤蓄淡，开发海岛，走过了一段段胼手胝足，与水抗争、与水共荣的奋斗史。在长期的治水历程中，涌现出何汝宾、周圣化、缪燧等一批治水名流，留下了双

舟山新城俯瞰

屿港、高丽道头、短姑码头、石牛港、岑港，计工塘、缪公塘、反帝塘、万安塘，张家闸、平水闸、白泉老碶，四眼井、惠泉井、“廉泉”抗倭古井等各式各样的水利工程，它们有的随时代变迁已经湮废，有的保留至今，仍在发挥作用。

今天我们回望，舟山水文化遗产蔚为大观，这是先辈留给后代的宝贵财富。本书撷取具有代表性的遗产，诉说其中蕴含的治水理念、治水智慧、治水文化、治水精神，以期得到更好的传承和发扬。

一

储蓄淡水，保障供水。

舟山受海陆两种下垫面的物理性质差异影响，形成海岛独特气候，降雨量少；且因岛屿分隔、陆域狭窄，有效水资源量少，形不成大水系。舟山山低源短，无过境客水，水资源全靠降水补给，是典型的资源性缺水地区。舟山人均水资源拥有量707立方米，仅为浙江全省平均值的33.4%。水资源短缺历来是制约舟山经济和社会发展的瓶颈和短板。舟山的缺水历史拥有无数惨痛的记忆，打开舟山地方志，因缺水成灾的记载比比皆是。一部舟山生存史，就是一部求雨求水史。

新中国成立以前，舟山境内生活、生产用水主要靠汲用井、潭、河道、荡田、塘坝蓄水及屋顶接水。中华人民共和国成立后，水库工程逐步发展起来，1955年岱山大田弄开创了舟山水库工程建设的历史，经过几代人艰辛努力，全市已建水利工程总蓄水能力2.22亿立方米，其中水库209座、山塘825座、河道951条1092.5千米。1998年开始实施大陆引水工程解决缺水问题。

由于舟山严重缺水，因此凡是可能有水的地方，可能都有水井的开凿，凿井很多时候也是因势利导。由于缺水，水井在舟山人心中有着特殊地位。舟山第一本地方志《四明图经·昌国》就记载了舟山的第一口井——惠泉井。舟山的水井不仅数量惊人，而且水质优良。著名的水井有昌国四眼井、中营衙门井、留方井、“廉泉”抗倭古井、抗倭井潭等。舟山井以形状来看有竖井、坑道井、上宽下窄井、下宽上窄井等；从功能来看，有吃水井、酿酒井、洗涤井等；从井眼来看，除了常见的单眼井外，舟山存在大量二眼井、三眼井、四眼井、五眼井，最多有八眼井。多眼井是因为舟山的井很多更似潭，潭封闭后留下几眼就成为几眼井；而舟山多井潭的原因跟舟山缺水和渔民外出打鱼需大量取水有关。另外由于缺水，很多地方通过储存“天落水”（屋顶接水）来解

黄金湾水库

决用水困难。严重缺水的舟山居民，产生了很强的水井保护意识，留下了大量遗迹，如钟家方漕禁碑；同时也产生了对“井神”的崇拜，留下祭水井神、请井潭姑娘、水井完工“引水”工序等水井习俗。

二

筑塘建闸，围垦造地。

舟山群岛，海岸线直迫山麓，岬角和海湾犬齿交错，除少量山前洪积扇外，甚少平地。早期先民依山而居，开展渔樵农垦生产，通过“长草围堤，傍山建闸”围圩、筑塘和垦殖逐渐变沧海为农田。海塘的修建阻止了海水对海岸的冲击，保护了耕田，却无法阻止咸潮沿着入海河道倒灌进淡水河。咸潮回流，河水含盐量上升，就无法用于灌溉和饮用，一旦咸潮漫到耕田中去就会造成农作物减产甚至颗粒无收，沿岸的田地也被毁坏。为了克服这些困难，勤劳智慧的舟山人民建起了碶和闸来阻咸蓄淡。

由于古代舟山群岛人口较少，生产力水平低下，唐代之前的围垦范围很小，大多在山前地势稍高处以小规模的低矮土圩围取部分涂田。唐开元二十六年（738）置翁山县，仅存33年即废，较大规模的围垦也没有形成。北宋熙宁六年（1073），舟山群岛置昌国县，社会经济得到较快速的发展，围垦范围不断扩大。新的围垦不断向外拓展，推动岛屿海岸线向外推移，使原先坐落在山麓、依山面海的村庄远离海岸。如定海区白泉镇的潮面村，宋前有大片的滩涂，潮水直临村前，故以“潮面”名村。此时该村离海岸线已有6.2千米。明洪武二十年（1387）六月，废昌国县，置昌国乡。昌国废县后，宋元时期构筑的大量海塘因年久失修而坍毁，大量缓坡旱地也因无人耕种而荒芜。明中叶后，海禁渐弛，部分被迁岛民的后裔陆续回迁。与此同时，江浙闽一带的渔户、渔商陆续在舟山较大或离渔场较近的岛屿定居下来，部分水利设施得以修复或重建。

清顺治十三年（1656）和十八年（1661），朝廷再次迁徙岛民，部分海塘又遭废弃而坍毁。自清康熙二十三年（1684），水利设施渐次恢复，新修或重筑有东港塘、青山塘、拟山（今作岙山）塘、定海塘、衙头塘、榭浦塘、司湾（今作泗湾）塘、大涂面塘等计50条海塘，并建相应碶闸。但明代及以前修筑的计工塘、庙下塘等10条海塘未作修建，或沿用，或倒塌，或为二线海塘。康熙、乾隆年间及以后，大量人口陆续迁入舟山群岛，围垦工程持续迅速发展。康熙二十七年（1688）

桃花岛盐厂围垦

至宣统二年（1910），舟山境内共筑海塘 135 条，总长三万六千五百余丈。当时，清王朝“展复”定海县建制，有康熙年间定海知县缪燧“召民垦耕”，大规模筑造海塘围地。由于海近山浅河流短，“捍卤蓄淡”成为海岛治水的既定方略。为御海潮入侵，从南宋开始逐步发展了筑海塘、建碶闸工程，留下了计工塘、反帝塘、万丈塘、联勤塘、大成塘、靖余塘等 310 条历史海塘名和 444 条一线海塘名，留下了张家闸、东港碶、平水闸等数百个与碶闸有关的地名。民国时期（1912—1949），筑海塘 17 条，长三千七百一十八丈，多在舟山岛以外的金塘、朱家尖和六横等岛进行围垦。

中华人民共和国成立初期，沿用历史上的围垦经验，从一般高潮位达不到的海涂面进行圈围。1951 年 7 月，岱山岛岱东后沙洋围垦工程竣工，围涂面积500亩，为新中国成立以后舟山群岛第一个围垦工程。此后，逐渐发展出中滩围垦、促淤围垦、堵港围垦等形式，各地陆续开展大规模的筑堤围垦工程，其中，1951—1969年以高涂低塘为主，1970—1979年以中涂中塘为主，1980年代以低涂高塘为主，1990年以后，逐渐发展深涂高塘，围垦从高潮线向低潮线不断推进，并发展为填海造地。1998年以后，舟山市一方面集中开展标准海塘改造工程，另一方面发展了促淤围垦和填海造地，其中，主要工程有1992年开工的普陀东港城区围垦工程、2002年动工的洋山港区围垦工程、2003年动工的钓浪围垦工程和六横小郭巨围垦工程、2004年动工的钓梁围垦工程和2011年开工的金塘北部围垦工程等。

通过历年的围垦，舟山群岛的地形地貌发生了巨大的变化：海岛数量不断减少，主要大岛的海岸线由岛中向四周不断外移，原犬齿交错的海岸线趋于平直，可供农业、工业、服务业生产和城镇建设的海滨小平原面积大幅度增加，人类的生存空间得以拓展，深水岸线数量和长度也均有增加。

三

向海而生，倚港而兴。

大自然给舟山群岛绘就了独特的山海兼胜的雄奇画卷，也带来了得天独厚的区域优势。舟山市港域可开发利用的岸线达2444千米，深水港口资源丰富，港湾水域宽阔，可谓“舟山珠岛蚌屿，月湾星港，皆出类而拔萃，超群而轶伦。历数世界雄港名城，未见深水港湾如舟山之绵亘百里者”。

舟山悬居海上，几千年来一直是中国走向世界的主要海上门户，它在古地图上的地位也印证了这一点——唐朝政区图——《唐十道图》上，几乎清一色的州一级地名，小小的东霍山岛（今舟山东福山）却占有一席；南宋时的《舆地图》是古代中国绘制最早的航海线路地图，其中舟山群岛的地名有 19 个之多。昔日鉴真六渡东瀛，均从舟山乘舟始发，把华夏古代文明传到海外，是我国“海上丝绸之路”重要组成部分。海上丝绸之路形成于秦汉时期，发展于三国至隋朝时期，繁荣于唐宋时期，转变于明清时期。

在唐宋元时期，舟山的海上贸易十分发达，并已成为“海上丝路”的起始港。普陀山自南朝开始就是东亚海上丝绸之路的一个重要结点，承担了明州外港的历史重任，是古代海上丝绸之路上船只候风候潮之地。历史上中日韩三国在普陀山这片海域有着频繁的经济、政治和文化交流，留下了丰富的历史人文遗存。如新罗屿、新罗礁、高丽道头、短姑道头等都是当年贸易交流的一个个鲜活遗存。岱山附近海域，存在过一条距今 1000 年以上的古航道，这条航道担负着传承中国、日本、高丽之间早期文化、经济交流的重任。元朝时期岑港成了元朝同高丽、日本、安南、占城、缅甸、爪哇六国通航的港口。之后，岑港设巡检司，以防海盗抢劫来往商船，亦兼盐监之职，以使港口安宁和谐。“六国港口”从此成为岑港的代称。

但在明代 1386 年开始实施“海禁”政策后，舟山群岛作为海禁政策源头地之一，被朝廷“禁海徙民”——46 个海岛的 3 万余居民迁入内地，多座海岛处于无政府管理的荒芜状态，以致舟山群岛人口剧减，渔场沉寂，经济凋零，“六国港口”岑港被废弃。

15 世纪，西欧进入了“开辟新航路”的贸易掠夺时代，以西欧为中心的世界市场渐显雏形。明代朝廷却在1523年禁止了国家间的朝贡贸易，罢撤宁波、泉州、广州三地的市舶司。自此，日本商人走上了以沿海荒废岛屿为基地的海上武装走私贸易和抢掠之路，舟山六横的双屿港成为日本商人的首选贸易区域。葡萄牙人也在双屿港进行大规模的海上走私贸易。在非法的互市贸易过程中，双屿港发展成为多国贸易的“自由港”，是当时世界上最繁华的港口之一。但不久，舟山在清顺治年间开始第二次海禁，海上贸易再次中断。直至清康熙二十四年（1685）颁布《展海令》后，舟山海上贸易才再度活跃起来。

新中国成立后，由于舟山所处的战略位置，1987年4月，国务院、中央军委正式批准舟山港对外开放。进入21世纪，“海上丝绸之路”重新涌上时代潮头。2017年4月1日，浙江自贸区挂牌成立，全域落地舟山。从遥远的先秦到21世纪，舟山在“海上丝绸之路”上

舟山大埔港口

经历了萌芽、繁华、寂寥、复苏、再创繁华的曲折成长历程。在“海洋经济”“一带一路”等时代大势加持下，相信“海上丝绸之路”上的舟山还能走得更远，创造更辉煌的时代印迹。

四

水利兴旺，经济振兴。

追溯舟山古代水利史迹，当从唐宋间置县治始，北宋以前，舟山诸岛人口稀少，居民依山而居，以渔猎、农樵为生，汲用溪流或山潭水。南宋以后，人口日增，开始沿海涂围圩开垦。此后，逐步挖井、砌池、开河以解决饮用水问题，截流、筑塘、建闸以扩展耕地。后因明、清两度海禁，居民内迁，南宋和元代建筑的水利工程大都废弃。直至清康熙二十四年（1685）舟山展复后，水利建设逐步复兴，并总结海岛台风、干旱两大自然灾害的历史教训，提出了“捍卤、蓄淡”治水方略，舟山经济才得到快速发展。当时遗留下许多治水事迹和零星分散、简易实用的小型水利设施及水利遗迹，有的至今还在使用。如甬东塘、缪公塘、白泉老碶，定海梵宫池、四眼井、留方井，郑家山龙潭，神功池和鹤龄泉，白泉竹桥头“沙帽石”塘闸水则，岱山倭井潭碑、金塘岛沥港山岙大塘公约碑等。

新中国成立前夕，舟山水利设施非常薄弱，御潮海塘简陋，惨败不堪，干旱、海浸交替，几乎年年受灾。舟山解放后，党和政府高度重视水利工作，建设了一线海塘 444 条，长 389 千米，其中不少为 20 年一遇、50 年一遇标准海塘。同时兴建了一批山塘水库，如虹桥水库、大使岙水库等，1998 年开始实施大陆引水工程，基本解决了舟山居民饮用水问题。

北海碶

舟山先民为了生存与繁衍，在兴渔盐之利的同时，长期与海潮风浪和干旱斥卤做斗争，筑塘围垦，开河建碶，捍卤蓄淡，创造性地兴办了海岛水利，大力开发滩涂农地，极大促进了海岛经济与社会的发展，也在一定程度上改变了群岛的地形地貌。舟山的文明发展史，很大程度上就是一部捍卤蓄淡围垦治理史，是一部不断追求人与自然和谐相处、变水患为水利的治水奋斗史。治水方式深度影响了舟山民众的思想观念和行为方式，并在舟山地域文化发展中留下了深刻印记。

五

治水精神，薪火相传。

在千年的治水历史中，舟山涌现了一批治水人物、

蚂蚁岛精神基石——三八海塘

事迹，如明代的何汝宾，清代的周圣化、缪燧等，以及现代修建三八海塘的妇女们；留存了一批水利文献，如《平水闸记》《论定海水利河之浚》等；留下大量的水利设施和遗址等，如惠泉井、留方井、白泉老碶、平水闸、缪公塘等。

由于人多地少，舟山很多地方的发展就是一部垒土筑塘、挖河开闸、众志成城、敢叫沧海变桑田的壮丽诗篇。筑塘人用自己的双脚丈量海涂的每一寸土地，用自己的双手垒起了一个又一个奇迹，铸造了“艰苦奋斗、顽强拼搏、团结协作、开拓创新”的筑塘精神。

蚂蚁岛是一个悬水小岛，土地资源匮乏，为了围海造田解决温饱问题，20 世纪 70 年代，蚂蚁岛提出“苦战三年，围塘造田”的号召，由于男人们长期在外捕鱼，300 余名妇女接下了修建海塘的重任。溜泥、拖石、抬石、拖沙，妇女们用简易的工具开山取石，趁着退潮的时机修筑海塘……短短一年四个月时间，海塘顺利建成。修筑三八海塘体现了“艰苦创业，敢啃骨头，勇争一流”的蚂蚁岛精神。

舟山先人垦田、筑塘、建城、治水的精神及光辉事迹是舟山水文化建设的典范，是舟山水文化建设的精神财富，为后人从事水文化建设提供了坚实的文化积淀。今天，全省水利系统积极开展水文化遗产普查工作，意义重大，究其根本，是因其具有重要的科学技术价值、文化价值、生态与环境价值。根据浙江省水利厅的统一部署，我们梳理舟山水文化遗产，编纂《浙水遗韵·水定舟山》一书，希望通过这一重要载体，让世人了解舟山水文化遗产，希望舟山的水文化遗产能得到更好的保护、继承与弘扬。

一汪清水润千岛

廉泉

〔明〕梁文

灵液迸枯崖，庶以慰猛士。
足此将军心，任洗巢由耳。

海岛舟山，向来缺水。新中国成立前，舟山人民以非凡的智慧解决取水蓄水问题，以精湛的技艺建造各种池、泉、井、潭、漕、塘坝，或用屋顶接水等来解决生活、生产用水，留下了大量与饮水有关的水文化遗产，种类丰富，数量庞大。新中国成立后，水库工程逐步发展起来，20 世纪 90 年代开始大陆引水工程、海水淡化工程，把海岛水资源科学开发、合理利用提升到一个新高度。本章选取蓄水工程遗产 19 项，较为深刻地再现了“同舟共济”的舟山精神。

一

清泉潺流

慕仙丹井

〔宋〕袁燮

竹屋虚明卧古松，葛仙丹井留遗踪。

日长无事同僧话，指点云边三四峰。

两眼井

源头活水 淳厚古朴

古井可以说是定海古城一道亮丽的风景，这些古井滋养着这座城市的百姓，记录着这座城市的变迁。

两眼井位于舟山市定海区昌国街道留方社区

两眼井航拍

两眼井近景

北门左城跟6幢北侧2米处，西紧靠大众路。新河从社区东侧流过，与城东河交汇后于海滨公园内一同汇入东海。

关于此井开凿朝代，有两种说法。1994年版《定海县志》关于民间水井的记载有两句前后对不上，前句说“元代城内水井著者有舟山井、四眼井、两眼井、滕坑井、周庄井”，后又说“城关镇大众路两眼井，宋代凿，水质好，旱年不枯，供数百人饮用”。查宋、元志，并未见两眼井之记载。倒是明天启《舟山志》才有两眼井之载。

如果采纳宋井之说，则现存定海水井中最古老的，当属北门外的惠泉井和位于定海北门左城跟的两眼井。前者建于宋端拱二年（989），也有人认可两眼井凿于端拱二年，经历代修缮，至今已有1030余年历史。如果这样，两眼井与惠泉井可谓定海姊妹祖井。

两眼井市级文保碑

明天启《舟山志》有载，两眼井历代有所修缮。最近为20世纪90年代作过维修。井分布面积约为21.6平方米，建筑面积约为1.57平方米，整石镂空成井口两眼，口上加石制井沿，东西向并列，两井口内径一致，均为0.36米，两井口相距0.28米。井壁用方形青砖平叠砌筑，深12米。

两眼井井水清澈，现仍为附近居民的主要生活水源。此井是定海老城区历史较长、同居民生活关系密切的文物古迹，在定海属于早期历史见证，保留至今，比较难得，对研究定海老城区的历史和人口发展情况有重要参考价值。2001年6月被列入市级文物保护点。

两眼井

中营衙门井

官脉民命　井养不穷

定海历史悠久，多山，但山小水短，无调蓄能力。宋朝开始，有凿井取水的明确记载。明代定海城内有名的水井有 36 眼。有代表性的如两眼井、四眼井、中营衙门井，均源自镇鳌山之山泉，

中营衙门井航拍

中营衙门井近景

水质甘甜清冽，终年不枯。

中营衙门井位于舟山市定海区昌国街道留方社区建国路 31 号西北侧约 15 米弄堂边。元代始凿，清代时增叠正方形井圈，清代在其地周围建造绿营部队的中营衙门，将此井包括于内，故有此称。

宋元两代，舟山的衙门建于镇鳌山山麓，长达 600 余年，此井在还没命名为中营衙门井之前，就是供衙门官员用的一口水井。查明代天启《舟山志》有关井的记载，在上荣井和四眼井之间，列着“山下井”，根据同在建国路的排序分析，此山下井很可能就是后来命名为中营衙门井的那口。

清康熙年间，动荡了数百年的舟山日趋安定，康熙御书“定海山”以示对舟山战略地位的重视，并派兵驻防，设总兵 1 员，辖中、左、右三水营。在北门镇鳌山脚下设“中营衙门”，配从三品的中营游击将军和四品的中营守备。另配千总2名，把总4名。中营陆汛分防区辖2寨12台，外加1台，基本在舟山本岛西乡片区内。水汛防区“拔午把总一员，驾哨船二只，配套工程足水兵，巡防二月更番”。从康熙二十四年（1685）起，先后莅任过乐廷柯等五个中营游击。据《清史稿·职官》：“游击，初制正三品。顺治十年改从。”

中营游击公署在此设置后，此井便成了供应营署驻军饮用水之井。那时增建4块正方形石板井圈，并以铁条加固。井圈边长0.53米，高0.3米。圆形井壁，用方形青砖叠砌，井底铺石，内径0.36米，深6米。水质优，旱年不枯，可供数百人饮用。

中营衙门井边还流传着一个故事。一个以挑水为生的男子，每天早出晚归，以担水卖钱养活一家老小。这也证明了旧时定海还有挑水卖这一

中营衙门井

中营衙门井保护碑

行当，有些人家没劳力去挑水，有些人家富庶懒得去挑，诸等原因让他们的饮用水靠买。北门头水好，卖水人每天就挑了北门头的井水到街头巷尾去叫卖，有些行动不便的老太太，与卖水人订了“包月”按量送水，月底按担数付酬等协议。可能是在 20 世纪 70 年代中期以后，挑水卖这个行当慢慢淡出了定海人的记忆。

中营衙门井虽然规模不大，但行制规整，蕴含着丰富的历史人文信息，对研究清初定海历史与军事海防沿革、人口发展情况有重要参考价值。2001 年 6 月列入舟山市文保点。

四眼井

天门之水 清甜如许

徘徊在建国路，感受古色古香、宁静温馨的老街，穿梭在泛着素雅苍凉颜色的古井间，让人体味到历史的纵深感和厚重感。筑于元大德二年（1298）的四眼井便位于留方社区建国路。

四眼井俯拍

四眼井

元《大德昌国州图志》卷四载有五口井，其中关于四眼井的记载如下：“四眼井，州治之北，一井而四穴，汲者竞趋焉。”明天启《舟山志》卷二载四眼井：“泉极甘美。”

四眼井位于舟山市定海区昌国街道留方社区建国路 41 号对面约 5 米处，舟嵊小学外北侧。四口井眼，一方菱形井台。据井壁建筑风格推测为元代开凿。井沿呈长方形，用两块花岗石板组合覆盖，上下榫卯结合，长 1.58 米，宽 1.46 米，厚 0.34 米，占地面积为 2.24 平方米，摆置方向南偏东 42°，上开四个圆形取水井口，每只井眼直径 0.45 米，唇口微高。井口以下 0.8 米处有一石梁贯穿南北，梁以上部分井壁用条石砌筑，梁以下部分用长方形青砖横竖相间砌筑成圆形，直径 1.22 米，井砖厚 0.8 米，长 0.17 米。井深约 6.94 米。井底铺石，水清不涸。

从民间堪舆文化而言，四眼井水源于镇鳌山麓，有“得水为上”一说。定海古城城墙北面之东段、东面南面之整段、西面之南段，都有河流环绕。三面环水，是典型的“金带环绕”“盘桓有情”之态。而从镇鳌山下来的那一路便成了定海古城的水口，水来之处谓之天门，中国古代很多城市的水路都从西北这个方位进入。镇鳌山此路水随山势而下，原先以城墙掩护，有相当之隐蔽性。加之而今藏于民宅、学校和建国路口，人流喧哗，更有大隐隐于市之感。

四眼井于1993年6月被公布为定海区文物

四眼井

四眼井区级文保碑

保护单位。四眼井是舟山地区现存年代最早的水井之一，对研究元代水井的形制、结构，以及研究定海城的历史、城区发展变迁情况和民俗风俗习惯等有着重要的参考价值。

万金湖庙古井

杍井易水　物阜民丰

在定海白泉镇，有一口万金湖井，年逾百岁，是当地的文化记忆。据记载，“万金湖”一名在南宋宝庆《昌国县志》中就已出现，沿用至今已近 800 年。而现在“万金湖”俨然成了白泉的一

万金湖庙古井航拍

万金湖庙古井周边城区景观

张名片，周围的路、店、社区名称多带有“万金湖”三字。不少在外地的老白泉人，回乡后总是会到万金湖井来看看。

万金湖庙古井始建于清，位于定海区白泉镇十字街万金湖路溪坑边，原万金湖庙门口。井低于街面0.7米，井口长1.6米，宽0.7米，深2米余。井台面、台阶均由大理石铺成，井内设不锈钢井梯两个，井架一个。可能为枯水时方便人下去舀水，如有人不慎跌下，也可从容上来。井台外是大理石围栏，长6米，宽1米，栏柱高1.2米，围栏中间有描金刻字“万金湖古井”。井后有古照墙，长15米，高2.5米到3米不等。照墙中间镂空塑一金麒麟形象，墙上有关于万金湖庙古井的文字介绍。照墙后为一整排洗衣台，供附近居民洗衣洗菜。

万金湖庙古井照墙

这口静静守候、见证白泉历史的古井，饱经风雪与沧桑后，在新时代重焕新生。以小城镇环境综合整治为契机，白泉镇计划投资 3400 万元，对万金湖井所在的里、外万金湖路两条道路，完成“一心、四桥、五节点”具有汉唐风格的景观改造，将之打造成多元化复合特色城市街区。

如今，行走在改造中的老街，可以从陆续落成的景观中，读到它厚重的历史：一个汉唐风格的多功能景墙，用仿竹简形式记载了白泉的由来及历史文化发展概况；四座桥根据白泉最著名的四大建筑命名为“万全桥、万和桥、协成桥、章家桥”；以“水、米、酒、油、饼”这些白泉历史上最繁荣的经济业态为主题，对街道建筑之间的五个空间节点进行设计，再现了“十字街”的热闹街景。

万金湖庙古井

与此同时，以“汉唐”“徽派”风格为主基调，白泉镇对这条街的沿街店铺进行统一设计、制作和安装，并对破旧建筑立面进行清洗、粉刷，全力打造整洁美观、舒心亮丽的街区风貌。

白泉简介墙

一汪清水润千岛

『廉泉』抗倭古井

廉泉古井 助力抗倭

甘井诗

〔明〕梁文

凿山得异泉，对把戟髯数。
愧我无杯醪，其甘自如乳。

“廉泉”抗倭古井

“廉泉”抗倭古井俯瞰

“廉泉”抗倭古井位于普陀区朱家尖街道莲兴社区白山村蜈蚣峙山西麓，坐东北朝西南，海拔 10 米。据《定海厅志》记载及有关专家考证，古井开凿于明万历三十五年（1607），占地面积约 20 平方米。古井呈长方形，外口径长 1.52 米，宽 1.26 米；内口径长 1.25 米，宽 0.94 米。井内壁呈袋状，块石垒砌，井口沿铺石条。井水清澈，水寒甘洌。井西侧 6 米处崖间镌“廉泉”二字，每字高 0.4 米，宽 0.36 米，阴刻，楷体，字体完好，但无落款。按明代定海（今镇海）都司梁文《饮泉楼记》所记镌于明万历三十五年（1607）秋。据文史专家王连胜考证，明代这一带有三口泉，廉泉、甘井、铸剑池，皆为明代定海都司梁文所修建，而现存古井实为“甘井”。2010 年 6 月被列为舟山市文保单位。

明朝时期，朱家尖石牛港既是重要的商船航

“廉泉”石刻

道，也是军事要冲。明代海盗猖獗，倭寇频频袭扰中国东南沿海各个村镇，抢掠财物，扰乱治安。明朝政府在朱家尖白山与顺母之间的石牛港设立水师基地，派重兵把守，并在附近高山上遍设瞭望台、烽堠。万历三十五年（1607），定海都司负责这带海防的梁文奉命来到朱家尖蜈蚣岭屯兵驻守。当年大旱，浙东几个月都没有下雨，宁波地区由于位在海边，即使掘地数米挖出地下水，也是味咸不能饮用，人们只能从很远的山涧挑水，苦不堪言。梁文来到石牛港时，“山枯水竭”，官兵叫苦连天。梁文设台祭祀山神，然后绕着山慢慢走，忽然看见山麓有个小窟窿是湿润的，派人挖下去，果然有一小股泉水涌出。但泉水不多，兵士觉得喝不爽快，就叫它“廉泉”，意为很少量的泉水。梁文在找到廉泉后，又在附近寻找水脉，发现有一处岩石相当湿润，太阳照射下还能形成水汽，于是派人往下挖，结果挖出了清冽带甜味的水，遂取名“甘井”。当年廉泉边还建有饮泉楼，如今，只能见到一些已倾倒的石驳墙和地基遗迹。当时抗倭军民饮水全靠这口古井，400 多年来，这方古井水不知养育了多少军民。

“廉泉”抗倭古井这种明代古井在舟山数量比较少。而保护这么好的明代古井，更是稀有。“廉泉”抗倭古井很好地见证了 400 多年前舟山军民共同抗击倭寇的海防历史。

长沙塘大井潭

四眼大井潭　浓郁渔村风

长沙塘大井潭，位于蚂蚁岛长沙塘村 119 弄 4 号附近，长沙塘村南有一条较长沙塘，称长沙塘，村因此得名。长沙塘大井潭可能是旧时蚂蚁岛最大的水井潭了。说是井潭，不如说是一个小型的

长沙塘大井潭航拍

长沙塘大井潭航拍

山塘。其间砌长方形井圈，四口大小相同的井口，井口内沿边长1米左右，井沿高20厘米左右。大井潭两面靠山，一面靠路边，东侧一部分则铺设水泥面，并垒起1米多高的围墙保护井潭。

据村民介绍，这方大井潭名气极大，旧时蚂蚁岛各地的村民都会来这里挑水，这里的水几乎是不会干涸的。由于长沙塘大井潭水质好，因此被蚂蚁岛渔民用来烧"栲道"水。近海张网作业，海域泥沙较多，海洋藻类等生物也多，因此张网作业过程中，在尼龙线网出现之前用苎麻织成的渔网非常容易被海水腐蚀污损，于是每隔一周或半月，网具要清洗、血栲。而栲网能让网更牢固，更有韧性。据说栲网用的水一定要是上好的井水，因此长沙塘大井潭就派上了大用场。以前，栲网前会安排几个小伙子挑水，大家争先恐后抢着挑，挑着水桶，跑得飞快，因为那时按劳分配、计件分配，虽然每挑一担水只有2厘工钱，但大家劲头十足。

除了栲网，还有一道血网工序也要用到井水。血网能使网衣不粘连、有韧性、网眼不闭、减少水阻力。网具吸水减少，便于晾干。由于网具多，栲网、血网周期比较长，因此，旧时渔村用来栲网的“栲道”很多，使用频率很高。不但新网要栲，旧网也要定期回炉栲，旧网一般使用一周至半个月就要重新再血过、栲过。蚂蚁岛曾经有数千顶渔网，加上渔汛期间渔船用水更是呈“井喷”状态，因此井水使用量特别大，对水资源的需求也

长沙塘大井潭

长沙塘大井潭俯视

比较旺盛，为此蚂蚁岛的井多为数眼大水潭。这种大型化的“井潭”风格，具有浓郁的渔乡特色，也是渔村渔业发展、辉煌的真实见证，赋予了蚂蚁岛井文化特殊的精神内涵。20 世纪 70 年代后期之后，随着塑料网具的普及，血网、栲网工艺逐渐淘汰，井水的这一功能也消失了。

沙井潭

盈盈一水　千年不涸

沙井潭位于舟山市普陀区展茅街道沙井社区张家村商业路12号南面1米处，原筑于清康熙年间（1662—1722），建筑占地面积52平方米。路基南北两侧分为内外两井，内井是一陋石小井，

沙井潭内井

井口呈长方形，长 1.65 米，宽 0.9 米，中间铺有石条，深度不到 2 米。四壁用乱石堆筑，南面镌“沙井潭”三字，阴刻，楷体，左下落款“甲子年（1984）六月二十七日整修”。外井平面呈长方形，面积 50 平方米，四周用石条围起，主要用于洗涤。

大展三面环山，沙井潭地处凹陷处，村民称这里是“镬肚脐”，就是铁锅底的意思，因此沙井潭渗水很旺，出水量大。因旧时当地山沙沉积较深，井潭底部有细沙层，故谓“沙井潭”。

古人凿井，对饮用水源保护极其重视，体现了古朴的生态保护意识。先人在挖井时特意设计了内外两个功能不一样的水井，内井作为饮用水源，外井作为洗涤用水。两井相通，但一般并不回流。内井地势稍高，水只从内井流向外井，因此外井的水不会对内井造成污染。内井水质甜美，

沙井潭内井近景

沙井潭外井

冬暖夏凉，久旱不涸，至今还是附近百姓的生活用水来源。该井知名度颇高，沙井村和沙井路均因此井而得名。该井是普陀境内保存较完整的古井，有一定的研究保护价值。

倭井潭

与民除害　饮水思源

倭井潭位于舟山市岱山县长涂镇小长涂山倭井潭村东北角的参府弄，始建于明朝，距今已有四五百年历史。倭井潭与水井旁竖立的抗倭碑一起构成了村庄的标志，共同记载着一段夺水潭的抗倭

倭井潭航拍

倭井潭

历史。

倭井潭原为山泉潭，相传16世纪中叶时被倭寇霸占，当地乡民奋起斗争，时有渔家三姐妹投毒于潭，以灭倭寇，后被倭寇发现，不幸牺牲。后戚家军追剿倭寇入岛，与当地乡民联合一举消灭倭寇，水潭得以回归。为纪念这一事件，乡民砌潭为井，命名为“平倭井”，而乡民习惯潭的叫法，遂又称作“倭井潭”。并在井旁竖碑，正面刻行楷“抗倭碑”三个大字，背面刻楷书碑文，此碑1989年遭到破坏，1992年重建。

1958年，长涂军民在井边扩建水池，水池长22.5米，宽20.5米，深4米，井壁四周用乱石堆砌，改一井一眼为一井两眼，井沿以石块堆砌。2004年，倭井潭列入舟山市岱山县县级文物保护单位，于井边立碑以记。2014年，当地政府对倭井潭进行过一次较大规模整修。现倭井潭为一井两眼，

倭井潭公园及抗倭碑

井沿为长方形，用花岗岩石条砌筑，长1.7米，宽1.2米，高0.4米。水池四周建有高1.2米的石雕护栏，上面刻有锦绣花鸟，以及三姐妹英勇抗倭的故事情节，充分展现了倭井潭悠久深厚的历史底蕴。如今倭井潭水已不再作为饮用水，而主要用于洗涤，倭井潭也成为一处景点。

抗倭碑

二

湖山截流

七绝·题嵊泗列岛之一

陈杏珍

明珠洒落碧波间，潮海风清已乐天。

剔透玲珑因点化，灵礁生趣意缠绵。

虹桥水库

一泓甘泉 滋润心田

没有现代化工具，有的只是扁担、土箕、钉耙，靠双手掏出来，靠肩膀压出来，靠小车拉出来。

——翁源昌

虹桥水库下游航拍

虹桥水库航拍

虹桥水库堤坝

对于四面环海、吃水靠天的舟山来说，饮用水库无疑是被摆在重要地位的民生设施。作为舟山民生“百年大计”而建设的虹桥水库，建成 38 年后的今天依然作为饮用水库发挥着重要的作用。

虹桥水库位于舟山市定海区盐仓街道虹桥村的烦河。此地植被茂盛，光照充足，雨量充沛，碧水倒映蓝天白云，微风轻拂，微波荡漾，景色极美。虹桥水库一级保护区的植被覆盖率为 93%，二级保护区的植被覆盖率为 96%。2021 年度虹桥水库供水保证率已达到 95% 的目标要求。

虹桥水库是舟山市唯一的中型水库，是以防洪、灌溉、城镇供水为主要功能的骨干水库。1977 年 5 月动工兴建，1984 年 10 月水库主体工程建成，历时 7 年有余。坝址以上集雨面积 13.38 平方千米，主流长 6 千米，属梯级开发水库。虹桥水库为Ⅲ级水利工程。水库按 100 年一遇设计，

500年一遇校核，按3天降雨1000毫米保坝。坝高29.7米，总库容1235万立方米，正常库容1015万立方米，垫底库容12万立方米，最大水面面积98万平方米。主要由拦河坝、灌溉廊道、右岸输水隧洞及溢洪道等枢纽工程组成。在2003年大陆引水工程开通之前，虹桥水库是舟山地区最主要的饮用水源地之一，年均供水量约占市区供水量的一半。

虹桥水库是定海第一座动员全区力量，在省地政府、部门的大力支持下，依靠人工兴建的中型水库，是舟山人工兴建的库容量最大的水库。

1976年4月26日，浙江省水利电力局下达《关于对定海县虹桥水库初步设计的审查意见》，同意设计采用黏土心墙堆石坝方案，以及坝体堵口汛期拦洪标准按50年一遇计算。所需工程投资，

虹桥水库迎水坡

虹桥水库坝顶

省补助 250 万元，按年度计划和施工进度逐年拨给。1976 年 6 月 11 日，舟山地区革命委员会下达了《虹桥水库 1976 年基本建设投资计划的通知》，安排投资计划 20 万元。1976 年 10 月 30 日，地区革命委员会批复了定海县委《关于要求落实虹桥水库资金物资的报告》，根据修正工程预算造价（包括保坝措施在内需要）600 万元，地区设法给予解决 300 万元。

当年，定海县成立了中共虹桥水库工程委员会，由县委主要领导担任水库工程委员会书记，下设的各个部门人员都是相关部门、公社主要负责人、骨干。与虹桥水库直接相关的盐仓、石礁、紫微三个公社又成立了联合指挥部。参加水库建设的各个公社民工队伍以连、排、班为单位。

虹桥水库

虹桥水库下游

库

水库建设条件极为艰苦，在极度缺乏现代机械化工具的情况下，虹桥水库建设者们凭着顽强的意志，依靠坚实的肩膀、有力的双手，建成了舟山第一座大中型人工水库。

“小雨当出汗，大雨当冲凉。星星当电灯，月亮当太阳。”“日食工地，夜宿山冈。风吹只当摇羽扇，雨淋免了洗衣裳。不怕霜露冻，山冈当床草当席。”这些都是当年流传在虹桥水库建设工地的豪言壮语，也是工地上的真实写照。它真正诠释了什么叫热火朝天，什么叫战天斗地。

虹桥水库的建设是“靠双手掏出来，靠肩膀压出来，靠小车拉出来”，虹桥水库建设者对当年的艰苦劳动深有感触。虹桥水库的坝体心墙挖掘和回填难度大，技术要求高。当初劳动工具除了几台链条式拖拉机外，全部是简单的工具，扁担、土箕、钉耙、洋镐、小板车。用锄头挖土，用铁铲上土，用肩膀挑土。工地上的一两千名民工，各人的分工虽然不同，但都是竭尽全力，每天的任务都及时完成。工地上红旗招展，人群一字排开，挥舞着锄头、钉耙，一派热火朝天。他们吃着白菜大蒜，硬是靠人力，用7年多时间完成了这项巨大工程。

虹桥水库的建成，体现了中国人民坚毅不屈、吃苦耐劳、万众一心、众志成城，不达目的不罢休的坚韧精神。

大使岙水库

汇入千家 惠及万户

大使岙水库位于舟山岛东部普陀区展茅镇横街大使岙村，是普陀区最大水库。水库自身集雨面积 1.87 平方千米，引水面积 0.42 平方千米，正常库容 254 万立方米，总库容 290.2 万立方米，

大使岙水库航拍

大使岙水库全景

属于小（一）型水库，工程等级为Ⅳ等，是以供水、灌溉及防洪为主要功能的水库，现以供水为主，供沈家门、展茅及新城居民用水。水库由大坝、溢洪道、放水涵管等组成，在原坝轴中心位置设置低弹模混凝土防渗墙，大坝上游坝坡翻砌，大坝两端及溢洪道进口处采用帷幕灌浆，新建钢筋混凝土防浪墙，新建启闭机房，大坝用铁栏杆围起。水库设计标准50年一遇，校核洪水标准500年一遇。

大使岙水库始建于1960年，1963年4月建成，当时正常库容113万立方米，集雨面积2.29平方千米。后因大坝渗漏严重，1975—1984年多次进行扩建加固。1991年1月—1992年6月，对大坝劈裂灌浆，消除大坝漏水隐患。1996年2月—1997年7月，水库再扩建，加高大坝5米，水库总库容达282.7万立方米，正常库容254万立方米，最大水面24.68万平方米，平均供水量174万立方米。坝基为淤泥质软黏土，坝型为黏土斜墙坝，坝高17米，坝左侧建侧堰式溢洪道，建马蹄形输水隧洞，长131.7米。灌溉全镇13个村的4700亩农田。完成土石方48万立方米，混凝土595立方米，投工60万工日。淹没土地425亩，移民2517人，迁移房屋850间。建设总投资409万元，由国家拨款。2001年12月—2002年4月，再次进行坝身劈裂式灌浆、坝头充填式灌浆，防渗堵漏加固效果较好。2002年9月起，改属市水务局管辖，每年从大使岙水库取水70万立方米，由市水务局核定支付展茅镇人民政府水费70万元。

水一点点积蓄，日复一日，年复一年，不懈努力，最终破茧成蝶。大使岙水库建设期间，

大使岙水库大坝

大使岙水库大坝内侧

大量民工参与施工。水库建设期间及竣工以后，省市各级领导多次莅临实地调查研究。水库建成五十多年来，在防洪、抗旱、供水等方面发挥了重大的社会效益和经济效益。大使岙水库的建设，正是舟山人民众志成城、齐心协力，集中力量办大事的体现。

黄金湾水库

跨海百里　消弭『饮』忧

舟山虽有着丰富的海洋资源，却是个淡水资源极度缺乏的海岛城市，是浙江全省最缺淡水的地区之一。据统计，舟山平均1.23年出现一次干旱，1967年、1996年等年份出现连续大旱，只得用

黄金湾水库航拍

黄金湾水库下游

船装水，舟山百万军民深受其害。舟山曾通过屋顶接水、坑道井等来缓解海岛水资源短缺难题，但难以稳定、彻底解决缺水问题。淡水资源匮乏，一直制约着舟山经济社会的发展，要改变这种局面，最有效、最直接的办法就是大陆引水。

1997年5月，舟山市第三次党代会首次提出“舟山发展水为先”战略思想。大陆引水一期工程于1999年8月开工，2003年试通水，2009年9月、2016年9月，二期工程、三期工程也陆续上马。

舟山大陆引水一期工程于1998年正式实施，从宁波姚江引水，穿越杭州湾灰鳖洋海底至舟山本岛。大陆引水工程全长76千米，输水管道全长67千米，管径1米，跨海段长36千米，工程投资3亿多元，设计引水工程规模为每秒1立方米（每日8.6万立方米），年平均引水天数250天，年平均引水总量2160万立方米。这是迄今我国最长、最大的跨海输水工程，也是迄今世界上最长、最大的跨海输水工程。舟山大陆引水工程克服了诸多困难和矛盾，付出了千辛万苦，一期工程于2003年8月建成顺利试通水，2006年8月，一期工程全线建成。舟山大陆引水一期工程2003年投用时，正值舟山五十年一遇的严重干旱，该工程满负荷运行，有力保障了舟山的用水需求，让舟山船装淡水的故事不再重演，抢购塑料桶也成为往事，成为名副其实的海岛用水“生命线”。

随着舟山新区建设的加速，用水量也同步攀

黄金湾水库坝顶

黄金湾水库大坝

升，单靠舟山大陆引水一期一条管道，远远不够。舟山大陆引水二期工程取水口同样在宁波姚江，通过总长 54 千米的两条跨海输水管道，淡水源源不断地进入黄金湾水库。该工程满负荷运行，日引水量可达 24.2 万吨。黄金湾调节水库二期工程的建设能够有效解决舟山本岛及周边岛屿的生活、工业用水及驻舟部队的用水需求，对缓解舟山群岛淡水资源紧缺问题具有非常重要的意义。

作为二期工程终点站和重要组成部分的黄金湾调蓄水库，于 2009 年 11 月开工，水库大坝于 2011 年 9 月顺利合龙，2012 年 7 月初步具备蓄水能力，2014 年 7 月建成试蓄水，2016 年 9 月正式投入使用；2017 年 3 月通过省水利厅组织的水库下闸蓄水验收。2016 年舟山开始实施大陆引水三期工程，该工程是国家172项重大水利工程之一。工程建设内容主要包括宁波至舟山黄金湾水库引水三期工程、舟山本岛输配水工程、岛际引水工程和大沙调蓄水库工程。

舟山大陆引水一期、二期工程年均引水量共计8600万立方米。三期工程投用后，年均引水量将达到1.1亿立方米，舟山本岛供水和岛际供水将得到进一步保障。

黄金湾水库为舟山市第二大水库，由主坝、副坝、溢洪道等组成。集雨面积3平方千米，总库容909万立方米，正常库容851万立方米，其中主坝长1250米，坝顶高程为11.5米，坝顶宽6米。水库设计洪水标准为50年一遇，校核洪水标准200年一遇。运行后，发挥着日常蓄水、防洪等功能，作为舟山大陆引水二期工程的终点站和重要组成部分，起着蓄水和调节输水量的作用，为舟山的淡水供应提供了“底气”，是舟山保供水的重点工程。

一汪清水润千岛

长弄堂水库

饮用甘泉 保供菜园

长弄堂水库位于舟山市嵊泗县菜园镇菜圃社区，1958 年始建，1977 年扩建，1979 年完工。水库流域面积 0.5 平方千米，总库容 27 万立方米，正常库容 25 万立方米，属于小（二）型水库。主

长弄堂水库

要功能为供水、灌溉，是嵊泗县本岛的重要饮用水库之一，供水范围为嵊泗县城区，供水人口1.28万人。饮用水源保护区面积0.32平方千米，其中一级保护区水域面积0.02平方千米，一级保护区陆域面积0.1平方千米，二级保护区陆域面积0.2平方千米。

水库由大坝、溢洪道、输水涵管、引水渠道等部分组成，大坝坝型为黏土心墙坝，最大坝高19.5米，坝顶高程为37.5米，坝顶宽5米，坝顶长116米，防浪墙顶高程为38.5米。溢洪道位于大坝右侧，为侧槽溢洪道，进口为宽顶堰，堰顶高程36.1米，进口宽度15.9米。输水管道为坝内涵管，位于大坝右侧坝下，为直径300毫米的自应力钢筋混凝土涵管，进水口设拉杆式启闭机，进口高程19.9米，出口高程13.24米。启闭机房

长弄堂水库航拍

长弄堂水库及周边景致

位于大坝右侧山坡，地面高程 42.1 米。引水渠道由环山渠道、方涵和隧洞组成，第 1 段环山渠道长 874 米，两侧为浆块石导墙，三面衬砌，断面尺寸 0.7 米 ×0.7 米。出口位于大坝左岸，穿过公路，经 0.4 米 ×0.3 米方涵引入水库。第 2 段环山渠道长 3097 米，断面尺寸 1.2 米 ×0.9 米，出口位于库尾，通过隧洞引入水库。目前引水渠道运行良好。

嵊泗多悬水小岛，淡水资源极缺，“攒水”不易。受地理环境所限，岛上水库水体量普遍较小，水体自净能力差，水体自我循环能力也比较弱。水质最好时能勉强达到Ⅱ类标准，但一入夏，水温一高，水库里的藻类繁殖就快，水库水有时候可能变成Ⅲ类或Ⅳ类。上海青草沙水库在采用石墨烯光催化技术（网）后，水质提升效果明显。嵊泗县水利局因此正式启动水源地光催化净水治

长弄堂水库全景

理工程，充分利用石墨烯光催化技术，提升水体自净能力，目标是将长弄堂水库水质提升到Ⅱ类，后续确保水质稳定保持在Ⅱ类。后续还将种植水生植物，进一步提高水质净化效率。

基湖水库

嵊泗之心 解水之忧

基湖水库（又名四角凉亭水库）所处的基湖村属于舟山市嵊泗县菜园镇，地处海域。村前的基湖大沙滩依山傍水，东西长 2200 米，南北宽 300 米，沙质洁净。潮退时坚如铁板，俗称铁板沙，

基湖水库航拍

基湖水库航拍

可行驶大小车辆（曾作过飞机跑道）。夏季风平浪静，海水澄清，碧蓝见底，水深 0.2—4 米，距激水处约 700 米，是理想的天然海滨浴场。

基湖村历来为军事战略要地。明嘉靖年间（1522—1566），倭寇常从大沙滩区上岸抢劫，因而明参政任环、都督侯继高、总兵俞大猷等都多次巡洋到此。抗日战争时期，日本侵略军侵犯上海，首先攻占嵊泗，以基湖大沙滩作为水上飞机场进而轰炸上海，基湖成为日军进攻上海的跳板。1950 年后，中国人民解放军陆海空三军进驻防卫，曾在基湖大沙滩进行三军攻卫大演习。

1950 年以前的基湖村，靠种稻、种菜度日，由于黄沙横飞，土地贫瘠，产量较低，村民收入微薄。基湖沙滩和南长涂大沙滩两处沙滩开发后，成为游览、避暑、疗养胜地。1984 年开始利用基湖大沙滩旅游资源的优势发展海滨浴场。为解决旅游业发展所需的用水问题，1986 年投资 230 万元建成基湖水库，蓄水量 30 万立方米；1990 年又投资 190 万元建成宫山水库，蓄水量 13 万立方米，并开发地下丰富的水源，保证旅游季节的用水。

基湖水库是一座以供水为主的小（二）型水库，工程等级为 V 等，主要建筑物级别为 5 级，设计洪水标准为 30 年一遇，校核洪水标准为 300 年一遇。供水区 20000 人，日供水量 1000 立方米。基湖水库于 1986 年 10 月动工兴建，1988 年 12 月完工，1997 年后两次扩容，现为嵊泗县最大水库。水库流域面积 0.58 平方千米，总库容 29.86

基湖水库全景

基湖水库

万立方米，正常库容 25.86 万立方米。水库由大坝、溢洪道、放水涵管等部分组成。大坝坝型为黏土心墙坝，最大坝高 14 米，坝顶高程为 22 米，坝顶宽 5 米，坝顶长度 285 米，防浪墙顶高程为 22.99—23.03 米。溢洪道位于大坝左侧，为正槽开敞式溢洪道，进口为宽顶堰，堰顶高程 19.78 米，进口宽度 10 米。宽顶堰后接泄槽，下游设跌坎式消力池。放水涵管为坝下埋管，位于大坝右侧，为直径 300 毫米的自应力水泥预制管。放水涵管进水口处设置手摇式螺杆插板门，启闭房布置在大坝右岸山坡，地面高程 21.96 米。大坝下游侧设分流阀门，布置在管理房内。目前坝体结构稳固，水库运行正常。

三

河塘悦色

浚河纪事

〔明〕裘兆锦

劳民非不恤，兹事在三农。
万脉山泉接，一丸海水封。
无心勒铜柱，有策佐金塘。
共喜秋禾熟，村村息戍烽。

城东新河

活水相潆 护国佑民

无题

佚名

天澹浑疑泻翠萝，垂杨影里护城河。
推开笔墨难酬意，散去心情不琢磨。
四柱青峰堆秀色，一湾绿水溢清波。
期君莫负湖山约，来听泉间欸乃歌。

城东新河航拍

定海古城地势，西北高，东南低。城北之水，大多流往东南方向。故城区东边的洋岙河、城东河（旧称黄家碶河）和东门外的新河（旧称濠河）三条河，一同从西北向东南，最后三脉归一，经增产碶入海。

洋岙河和城东河过去是以灌溉农田为主的河流，河水狂野不羁，横冲直撞、恣意流淌，而城东新河则主要以护城功能为主，河水驯服，河道规正、平直、一丝不苟。

城东新河位于舟山市定海区城东街道，因位于城东而得名。北起开源桥，为古河道源头，由此东南叉开，南至海滨桥，流经香园、合源、留方、海滨、港南等社区，全长3310米。河水清澈，河岸绿树成荫，亭台围廊相拥，为定海主要景观河。城东河在黄家碶向西分出的那股支流，是明朝副

城东新河走向

城东新河近景

总镇张可大任职时所挖。这条分支，古志上有记载，明万历戊午年（1618），定海副总镇张可大"于城旁筑碶闸以蓄泄，欲引城外东北上流水入于濠河，使内外相灌，濠渠常满"，"建桥三十八座"。这位副总镇"引城外东北上流水"的目的在于将城墙周边的濠河注满。濠河必须有活水相灌，才不致枯竭，不会成为"死水一潭"，同时还必须与碶闸相通，在洪涝时将濠河水通过水门外泄。其还规定濠河距离城墙必须"一箭之地"，这样可防御敌方临城时射箭攻击。所以这支向西分出的支流最后不但成为城东门的濠河，还同时分流引入南城门外的濠河，当然还与许多城内小支流相沟通，形成"城内水系"。

汪清水润千岛

戊辰河

日月经天　河海带地

沿高双线从泥峙方向前往东沙古镇，在宫门拐进，爬过大岭墩，再下坡约几十米，就到了戊辰河。

清晨，阳光在河面上投下斑驳的光影，河边

戊辰河俯拍

戊辰河俯瞰

柳树垂下的枝条倒映于水中，远处的风景影影绰绰。一早，已有三两老人在此垂钓。如今的戊辰河，成了人们休闲、消遣的好去处。

戊辰河位于舟山市岱山县东沙镇东沙小学旁边，开于民国戊辰年（1928）。初听戊辰河，以为是条蜿蜒曲折的长河，可亲见才知，这是个四四方方的“大井”。该井三面环山，东临大岭墩，西面炮台山，南面小岭墩。井口呈长方形，长41.4米，宽31米，深约2.5米，占地面积1283平方米。

戊辰河的四围用块石砌筑，南面有台阶，便于居民出入取水。台阶由条石拼筑，光滑方正。石阶周边筑有护栏，便于有人不慎落水时救护或自救。石阶延伸到河底，末端底部又筑起由青砖砌成的壁墙，百姓称作“城墙”，目的是保证取水人的安全，也便于河底清淤。壁墙比河沿略低

戊辰河

一点，浸没在河水里。水浅的时候，可见到它的头微微探出河面，有镂空图案，有个黛色的圆形横脊露出水面，仿佛水中的古城遗址。民间又说河之中央是个石制的八卦，四角分别有四个石磨，有镇魔驱邪之意。距石阶北侧三四米边上立有一块大石碑，正面书“戊辰河”三个大字，左右分列“公禁洗物，有违送究”两列八字。背面为捐助者姓名、金额，以弘扬慈善和正气。

自古人们依水而建、依水而居。然而随着聚居人群的不断扩大，原先的水源逐渐不能满足人们的需求。东沙古镇在不断扩展的过程中，也遇到了水的问题。有旧诗形容东沙为“栉比鳞次聚东沙，挖压蓬山一万家”。虽自古有沙井、义井，却远远不能满足人口的增多。

清咸丰二年（1852），大岭墩下挖一河，占地三亩，名为“大河”。据《岱山镇志》记载：“食

戊辰河近景

水河。东沙角大河在大岭下，约三亩零转方，居民千余户，食水皆汲取于此。咸丰二年壬子开掘。故一名‘壬子池’。”大河的挖成，给当时的东沙居民带来了福祉，只要愿意出力挑水，喝水仿佛已不再是问题。然而这样的生活并没有维持多久，古镇的繁衍生息过程依旧显示出对水的渴望。

清光绪三十年（1904），一个叫孙以慷的大户慷慨出资，在大河旁边购买了民田一亩五分，开凿成河，俗称“孙家河”。后来，人们将大河与孙家河合并，统称“老大河”。这条老大河基本上保障了当时居民的饮用水供给。

然而，到了民国年间，东沙常住人口骤增，老河的饮用水量变得相当紧张。1928年，由东沙的大户岑华封发起，个人以“岑庆安堂”名义捐银洋1000元，总共集资4000余元大洋，在老河相隔不远的山脚下又挖一河。因那一年为农历戊

戊辰河石碑

辰年，故称戊辰河。

戊辰河水清澈甘甜，成为东沙居民的主要饮用水河。近百年来戊辰河哺育着这里的人们，直到如今。不过，戊辰河建成后，用水依然紧张，直至解放后在小岭墩建了水库，造了水厂，东沙的用水困难才得以彻底缓解。2004 年 1 月，戊辰河被列入岱山县文保单位。

戊辰河文保碑

钟家方漕

碧波荡漾 『漕』『禁』有功

题李氏敬聚堂

〔宋〕家铉翁

闻君出宰山水县，家教所推民俗淳。

田里定知耕逊畔，市廛安得讼分人。

钟家方漕航拍

大象村

以前定海村子里的清水池子，曾是居民的饮用水源，被称为“禁漕”。所谓“漕”，指民间饮水池、饮水塘或饮水井。有些地方将预防火灾用的蓄水池、塘、漕、河等，也列为禁漕。“禁”，则是指为保持水源的洁净，刻石立碑，禁止污染。当时的禁漕，碧波荡漾，清澈见底，用南北朝吴均笔下的“水皆缥碧，千丈见底”来形容，再合适不过。

为保持水质清洁，禁漕四周会用高出地面一两尺的土坡围起，防止附近田沟中的污水流入。土坡上只植草皮，不能种树，防止有落叶掉入漕中而污染水源。漕北侧往往沿土坡向内建有石阶，人们可顺阶而下，挑水取用。

禁漕石阶一边的土坡上，都立有一块“禁漕碑”，上面刻有相关文字来禁止在禁漕边放牛羊牲畜、洗澡、洗衣物、大小便等会影响水质的行为。

钟家方漕近景

无论何人，一旦违反禁漕碑上的规定，根据违规的轻重进行相应的惩罚。

定海钟家方漕便是此禁漕的一种。

钟家方漕建于清代，位于舟山市定海区金塘镇大浦社区大象村钟家 61 号西侧，坐北朝南，占地面积 603 平方米。

钟家方漕原有三个水漕。一是方漕，二是洗漕（当地方言念“洗”为“长”，所以有人又称其长漕，与方漕对应），三是沤漕（用于荡涤便桶、痰桶等不净之物）。其中方漕呈长方形，长 17.55 米，宽 14.36 米，深 4 米。四周有矮墙围护，矮墙高 0.95 米，厚 0.38 米。正南侧中间开有埠头，砌石阶，方便人打水。方漕西侧 5 米处，有一长腰形水漕，便是洗漕。洗漕长 18.64 米，最宽处 6.05 米，此漕之水为居民洗衣、洗菜等生活用水。沤漕在方漕西南侧，后为防止小孩坠落沤漕，被填

钟家方漕俯瞰

塞造房。此三漕历史悠久，功能区分明晰。

方漕边竖有“公禁方漕”石碑，大意是禁止在此漕中洗脚、洗衣等，切勿污染井水，倘有执拗不遵此禁者，绝不宽待云云。碑上字迹清晰，但有部分内容被埋在水泥路下。石碑露出部分高 0.67 米，宽 0.45 米，厚 0.07 米。“公禁方漕”石碑保护状况良好。

钟家方漕公禁碑

鳌山砚池

文运昌盛 武运昌隆

笔砚池

〔清〕朱绪曾

拈得龙鬓泳十洲，暂供游戏海云秋。
风雷岂是池中物，下视人间即墨侯。

鳌山砚池航拍

从芙蓉洲路西侧，进入窄小的巷子，低矮层次的老屋诉说着陈旧悠长的故事，古董店和文宝店开在巷子两旁，书卷的气息缓缓在青石地上漫开。从主巷渐渐深入，绕过曲折的小路，仍能找到许多被保留的老式民居，而在它们背后，有一块四四方方的砚池——鳌山砚池。

砚池，也称蜃池，于元代元贞年间（1295—1297）由昌国州判冯京福所建。据元《大德昌国州图志》载：“蜃池，在州治前，周十数丈，方广如一，亢阳不枯，旧传蜃潜其中，一名笔砚池。”

鳌山砚池周边景观

鳌山砚池近景

清道光十年（1830）县知事王鼎勋捐俸薪、总兵捐资重修。

鳌山因形状酷似传说中的神鳌而得名，古时又名衙山或霞山，俗称鳌山墩。这里曾是一个文化味很浓的地方。鳌山砚池位于舟山市定海区昌国街道东管庙社区鳌山新村 18 号西侧 2 米处，坐落在鳌山下。大致坐北朝南，略有偏向，整体占地面积约 396 平方米，水池面积约 232 平方米。池呈长方形，南北长 15.9 米，东西宽 14.6 米，四周用三十块石栏板砌筑，每块栏板交接处设有望柱，望柱柱头刻有仰覆莲等纹饰。北面栏板内侧表面阴刻楷书“砚池”二字，上款“大清道光庚寅年（1830）□ □月吉日”，下款“知定海县王鼎勋书”；池东面栏板以南第一栏内侧题刻“正堂王口谕：此捐置公地，东到周姓地，南至霞山，西至施姓田，北至施姓、陈姓田，池中禁捕鱼虾，余地禁堆物件，霞山系官地，禁私升混占，池东地，长三丈，阔十二丈，着居民布种，令其管顾，如违准，即禀究口示”，共 80 字。现池仍在，但石栏柱头有破损。池四周地面均用规整的石板铺设。

唐开元二十六年（738）置翁山县治时，就在霞山之麓（今鳌山新村）创建了学官。到清道光十年（1830），定海县知事王鼎勋与总兵捐俸、捐资又在霞山之麓重修砚池，建造了文笔峰和奎

鳌山砚池

鳌山砚池全景

光阁。霞山是文教之山，象征文教的砚池移建于此，正好与文笔峰、墨井、文稿田（鳌山下与学宫之间曾有大片稻田，象征纸）契合成文房四宝之雅意，是古城文运昌盛、鼓励岛民读书习文的象征。往年砚池水清澈见底，学童常在此钓小虾。奎光阁、文笔峰、砚池、墨井相呼应，是旧定海城内标志性文化景观。

然奎光阁在1968年被烧毁，文笔峰亦于1973年被毁，现仅存砚池和墨井。后鳌山墩建工艺美术厂，山周边建住宅楼，鳌山景区旧貌已荡然无存。

汪清水润千岛

鹤岭泉

泽被后人 流芳千古

海巢

〔元末明初〕丁鹤年

海上巢居海若降，三山眼底小如矼。
已攀若木为华表，更立榑桑作翠幢。
蛟室夜光晴烛户，蜃楼秋影冷涵窗。
鹪鹩梦断无因到，唯有同栖鹤一双。

鹤龄泉航拍

鹤龄泉云渠、德渠

鹤龄泉位于舟山市普陀区沈家门街道教场社区岭舵山南麓，是舟山首座小型蓄水工程。据《普陀地名志》记载，鹤龄泉“水碧凝寒，清流明净。如遇山雨溢池，则泉水一泻而出，渊水下潭，仿佛瀑布飞挂”，曾经，“每日受惠者，数以万计”。

鹤龄泉坐北朝南，依山而建，顺谷构筑，用块石垒筑坝体，自上而下分云、德、亦三渠，呈不规则形状，每渠南面正中分别阴刻楷体“云渠”“德渠”“亦渠”字样（其中“亦渠”两字今已不见）。鹤龄泉贮水 1.6 万立方米，占地 2321 平方米，此泉的建成基本解决了当时沈家门港域渔民和居民的用水困难问题，并灌溉教场附近部分农田，对渔港基本设施建设具有现实意义。

该泉开建于 1934 年，是刘寄亭以其祖父刘鹤龄百岁冥寿礼款和寿庆筵席款而建，次年竣工。泉边建有道路、凉亭、钟楼，并植树绿化，国民政府赐“仁心义举”匾额，戴季陶、于右任等分别题赠“功侪郑白”“山高水长”字。因年久失修，部分建筑物倒塌。1954 年镇政府加固坝体，1986 年修整变形之挡土墙，降低“亦渠”溢洪道，架设溢洪道便桥，以保证居民安全用水。2004 年其地建成鹤龄泉公园，山色浓郁，水质清澈，是市民休闲游乐的好去处。

鹤龄泉是以清末沈家门乡绅刘鹤龄先生的名字命名的。刘家上下历来热衷于公益，是典型的

鹤龄泉德渠

鹤龄泉德渠

乡贤。沈家门地区以丘陵为主，山地水源短，淡水资源匮乏，饮水主要依靠几处水井和降水，每逢干旱，饮水十分紧张。1924 年，刘鹤龄的儿子刘云茂先生仰承先志，募捐兴建泗湾神功池，当时沈家门 3000 多户居民的饮水全部来源于此。后来，随着沈家门渔业的兴隆，人口数量激增，神功池已不能满足需要，开凿新渠的需求越来越迫切。

1933 年 12 月 28 日是刘鹤龄先生百岁冥寿，当年 8 月，与刘鹤龄祖孙三代有深交的张申之、王路涵、王志良、张晓根、张康甫、陈人宝、金润泉等 59 人，商量着要凑钱庆贺刘老冥寿。当时担任定海中国银行、农工银行行长的刘鹤龄之孙刘寄亭、刘汉亭，一直推辞这份诸多挚友和社会名流的心意。盛情难却下，刘寄亭兄弟提出一个建议让大家商量。他们对朋友们说："刘家世代为人朴素低调，唯独对地方的公益事业十分关心，无论大小，都希望自己能尽一分力。爷爷在世时，见到全镇饮水困难并且水质很差，常常断水，就开始谋划开凿井池，帮助百姓，可惜他志向没有完成就去世了。后来，叔父刘云茂开凿神功池，解决了一时的饮水问题，但现在又跟不上形势了，我们兄弟就一直盘算着要开引岭陀山的溪水，汇集起来解决居民饮水问题。遗憾的是，引水工程巨大，需要大量资金，我们兄弟几个难以全部承担，如果各位挚友看得起刘家上下，成全这个义举，我们愿意用各位筹集的筵庆资金，在沈家门的西面建一个蓄水池，名字就叫'鹤龄泉'，算是对祖先遗志的继承，也让祖父百岁诞辰更有意义。"

鹤龄泉亦渠

鹤龄泉云渠

大家听后，无不为刘寄亭兄弟感动，于是合议以“刘鹤龄先生百岁冥寿移资续建积水缘起”公而告之。公告一出，立即引起了社会的极大反响，沈家门掀起了捐资热潮，定海、岱山、嵊泗也有热心人捐资，连上海的杜月笙也邮资相助。

据统计，有千余人与诸多渔工贸行社参与捐资，资金累计13400元。建池实际耗资2万元，不足部分由刘寄亭兄弟承担。1935年5月，鹤龄泉建成。后又在水库四周建道路、凉亭、钟楼，进行了绿化，成为沈家门一个风景点。

鹤龄泉建成后，曾任浙江省议会会员、上海《新闻报》总编的张康甫先生，书写“鹤龄泉”三个大字，刻于石板，立于泉边。三字刻于三块石板，每块高102厘米，宽87厘米，厚7.5厘米；

字高约 81 厘米，宽 76 厘米。世事多变，不知何时，这三个字不翼而飞。几年前，沈家门谢永根先生分别在东河路新春弄的路上和大石门水库旁边马鸣王庙的土地堂前发现了刻有“龄”“鹤”的石板。目前这两块石板保存在普陀区档案馆。

洗心池

洗涤反省　清净心灵

涤心泉

〔清〕沈雯初

心地涤无瑕，工夫许到家。

在山真不浊，清净避喧哗。

洗心池

洗心池全景

洗心池，又名半月池，位于普陀山磐陀庵前。开凿于古代，年限不详，原为磐陀庵放生池，目前为景点，保护完好。磐陀庵历史非常悠久。据明周应宾《重修普陀山志》记载，向有古室数楹，年远颓圮，海宪（海道副使）方应明捐俸重建。又据近代王亨彦《普陀洛迦新志》记载，清光绪年间（1875—1908）重修，“善章改建大殿，及接引殿、客寮二十余楹。又创天王殿、玉带阁、楼房等。镌明董其昌‘磐陀庵’三字题额于石，嵌诸墙壁。又浚洗心池，以畜鲜介。有方兴未艾之象”。清代后期，与隐秀、白华、海岸、净土、梅福五庵，为前山六大房。可见半月池古已有之，光绪年间进行了疏浚，成为如今样貌。整个池塘略呈圆形，因此这半月池之名，当为古称。池边有一棵已有350多年树龄的大樟树，据说是普陀

洗心池

山最大的樟树。更为奇特的是，樟树根部把一块高约1米，宽0.4米的旗杆石碑紧紧地搂在怀里，大有要把石碑“吞没”之势，形成了普陀山的一道奇观。

现今的洗心池，广约64000平方米。池水清澈，映照日月，兼之外砌粉墙，四周古樟蔽天，进入通道山门门楣上，一面镌刻“映碧”，另一面刻有“叠翠”，显得非常清净，所以得名为洗心池，的确是一处涤荡心灵的好去处。

十里堤塘定海山

访普陀山作

郭沫若

乘风破浪到普陀，舟山群岛半千荷。
英雄气魄天同舞，战士情怀海伴歌。
水上长城起万里，地中番薯十斤多。
桂花香里芙蓉好，岂许狂鹰敢入罗。

浩渺水域，星点岛屿，海岛居民在对台风、暴雨、潮水等环境的适应过程中，筚路蓝缕，栉风沐雨，筑建堤、塘、坝、碶、闸，改造地理环境，向大海拓展空间，凸显了鲜明的舟山特色。本章选取水利工程类遗产 13 项，形象地诠释了“勇立潮头”的舟山精神。

一

捍海安澜

海塘叹

〔清〕查慎行

沙崩岸塌风驾潮，潮头势与城争高。
愚公移山或可障，精卫填石诚徒劳。
海若东来神鬼泣，尾闾南泄鱼龙逃。
邑兴大役官之责，行矣板筑须时操。

十里堤塘定海山

联勤海塘

移山填海　表里山河

中国古代海塘遍布沿海，但以浙江海塘最为宏伟。舟山群岛是浙东天台山脉向海延伸的余脉，四面悬海，岛礁众多，属于低山丘陵地貌类型。定海位处舟山本岛中西部区块，加以金塘等周边

联勤海塘

联勤海塘

诸岛，海塘在沿海地带和各海岛地区发挥着重要的屏障作用。

朱偰《江浙海塘建筑史》认为，海塘与万里长城、大运河一样，堪称中国古代三项伟大工程。我国海塘规模之大、工程之艰巨、动员人数之多，是十分惊人的。海塘毫无疑问是定海人民的生命保护线，也是定海社会经济各项事业发展的安全屏障，定海比内陆任何地区都更需要关注海塘。

元《大德昌国州图志》载："濒海涂汛之地，有力之家累土石为堤，以捍潮水，月日滋久，涂泥遂乾，始得为田，或遇风潮暴作，土石有一罅之决，咸水冲入，则田复为涂。"所以沿海地区历代均筑塘造堤，用来保护农田，扩大耕地。

联勤海塘位于舟山本岛西南部，东起定海区盐仓街道黄沙山嘴，西至紫微乡老塘山嘴，南北向沿海而筑，因塘由盐仓、石礁、紫微三乡及城关镇、四八零六工厂合筑，故名联勤海塘。东边海天大道接甬舟高速纵贯而下，舟山中海粮油和舟山良海粮油分布海塘两侧，东边有大片良田。

联勤海塘是舟山定海区最长的防潮海塘，全长 7.06 千米，塘面平均高程 4.65 米，陡墙式，建闸 3 座 14 孔。防潮标准为 50 年一遇。工程等级为Ⅲ等，设计标准为 50 年一遇高潮位加同频率风浪组合，允许部分越浪。海塘的断面结构形式为直立式堤坝。塘顶高程 4.65 米，塘顶为 15 厘米厚的 C20 混凝土路面，宽 4.5 米。挡浪墙顶高程 5.25 米。

联勤海塘建于 1965 年，1970 年竣工，受益农田 1.3 万亩，其后经过多次维修加固改建。1974 年受 13 号台风侵袭，塘身损坏，次年按标

联勤海塘坝顶

联勤海塘迎水坡

准塘维修加固，1982 年增筑塘身泥石间石渣弄，投工 107 万工日，完成土方 36.3 万立方米、石方 13 万立方米、石渣 1.6 万立方米，国家投资 66.5 万元。

2016 年 8 月 13 日，联勤海塘上投入使用的一座由 5 孔水闸和 6 台机组配套组成的泵站成为海塘上一道亮丽的风景。

十里堤塘定海山

永安海塘

筑塘安澜 一方太平

岑港，古有“六国港口”之誉，历史悠久，地理位置优越，自然资源丰富，人文景观底蕴深厚，自古是舟山本岛北部的政治、经济、文化中心。

永安海塘位于舟山市定海区岑港街道，舟山

永安海塘航拍

永安海塘

岛西部。始建于清嘉庆年间（1796—1820），由万安塘改建。起自老鼠山，终至毛湾，全长3.25千米，塘型陡墙式，塘向西南偏北，塘高度3米，塘面高程3.97—4.37米，挡浪墙高0.5—0.7米，塘面宽4米，迎水坡1∶0.4，背水坡1∶2.0。迎海面采用混凝土护面，挡浪墙为混凝土筑成，塘顶混凝土护面，背水坡干砌块石护坡。建水闸3座6孔，总净孔径10.4米。保护面积5000亩（其中养殖700亩），保护人口6000人。

1950年以来多次重修加固，1998年3月改建50年一遇标准塘，次年1月竣工，工程总投资634万元。全长3500米，完成土方3.8万立方米，石方1.2万立方米，混凝土0.74万立方米。塘上三闸分别为毛湾大闸、龙眼闸、永安闸。

2022年7月22日，舟山市定海区海塘安澜工程（本岛西北片海塘）项目可行性研究报告通

永安海塘全景

永安海塘

过专家组评审。本工程主要建设范围涉及岑港街道永安海塘、西大塘、东大塘，小沙街道大沙新塘、毛峙东塘和马岙街道办事处大小蚶涂塘等六条（段）海塘，拆除重建水闸一座，为永安海塘龙眼闸。海塘加固总长度共计 16.7 千米，防潮标准为 100 年一遇。项目估算总投资 5.5 亿元，建设周期 32 个月。该项目的建设，对于进一步增强永安海塘的防潮能力及保护一方平安具有重要意义。

十里堤塘定海山

大乌石塘

天人合一　道法自然

为乌石塘而作

〔清〕朱绪曾

塔飞僧化岂荒唐，风雨俄惊涌石塘。
天敕乌龙飞不去，免教此地变沧桑。

大乌石塘

大乌石塘近观

提起海边，一般都会联想到美丽的沙滩，赤足走在沙滩上，数着那浪花一朵朵。舟山朱家尖岛的乌石塘却是个例外，这里没有一粒沙子。这条横卧着的海塘，全由乌黑发亮的鹅卵石自然垒积而成，气势宏大，蔚为壮观。大乌石塘长约500米，宽约50米，高约5米。卵石花纹斑斓，光洁可爱，小如珠玑，大似鹅卵。元代《大德昌国州图志》有记："乌石塘，在马秦，绵亘百余丈，高可五丈许，枕海之滨，表里皆青圆石子，如龙之鳞甲……"

大乌石塘始建于清乾隆五十六年（1791），内坡系用块石筑建，外坡为乌石子天然堆积成塘。为保护自然资源，1999年5月在自然乌石塘内侧重筑50年一遇标准塘，当年12月竣工。工程总投资210万元。完成土方0.49万立方米，石方1.42万立方米，混凝土0.14万立方米。全长604米，塘型陡墙式，塘向东南，塘高度 6 米，塘面高程 6.8 米，挡浪墙高 0.8 米，塘面宽 6 米，迎水坡 1∶0.5，背水坡 1∶2.0，迎海面混凝土灌砌石护面、挡浪墙混凝土，塘顶混凝土护面，背水坡混凝土框架内植草皮护坡。建水闸 1 座 2 孔，总净孔径 1.6 米。目前仍为一线海塘，坝顶一段为公路，一段为景区占用。与反帝塘、机场南塘、反修塘、钓鱼礁塘、群英塘、白山塘为同一闭合区，保护面积 3.8 万亩，保护人口 2 万人。

大乌石塘昔日是渔民晒网的地方，现在已是朱家尖的重要景点之一。你可以在乌石塘看到成万上亿颗乌黑发亮的鹅卵石，“海上泛舟”，可以听掌舵渔翁为你讲述乌石塘和樟州湾的传说，增添浓浓情趣。

樟州湾的南岸，分布着很多礁石，礁石群形状奇特，犹如龙眼、龙嘴。龙嘴旁有一石隙，当地渔民称其为龙之洞，每当台风将临，此洞会发出巨大的轰鸣声，声响可远传十里之外。此时大乌石塘依水斜垒的乌石也会一反常态，皱叠起一道道竖沟，渔民称是小乌龙在预报台风即将到来的信息，呼唤出海打鱼的渔民快快回港。

关于大乌石塘，古时还有一个动人的传说。相传它是乌龙的化身，乌龙是东海龙王的三太子，生得一身乌黑，顽皮而聪颖，深得父母的宠爱。一天，它耐不住龙宫的寂寞，径自离开龙宫到东海大洋遨游去了。正玩得兴起，不料遇到一群鲨鱼精。鲨鱼精们曾听说吃了龙肉可以成仙，所以一见小乌龙，就咧嘴向小乌龙猛扑。小乌龙寡不敌众，斗得筋疲力尽，遍体鳞伤，节节向莲花洋败退，鲨鱼群紧追不舍。在这千钧一发之际，被

大乌石塘迎水坡

正在捕鱼的朱家尖渔民发现了。众渔民奋勇将小乌龙救至樟州湾内，又精心为小乌龙养伤，从此小乌龙与朱家尖渔民结下了深厚的友情。伤好后，为报答救命之恩，小乌龙情愿留在樟州湾，立志守护海塘，造福朱家尖百姓。从此小乌龙就横卧在樟州湾沿岸，年长月久，片片龙鳞也就化作了乌石子。它日夜注视着大海的变化，一旦大风将至，它就抖动龙鳞，并高声鸣叫，警告渔民别出海，快回港。台风来时，浊浪排空，它就用身躯挡住惊涛骇浪，保护朱家尖一方百姓免遭灾难。清代文学家朱绪曾有诗赞曰："塔飞僧化岂荒唐，风雨俄惊涌石塘。天敕乌龙飞不去，免教此地变沧桑。"

其实，这乌石塘是一条凭自然力量垒成的海塘。樟州湾纵深约 3 千米，宽约 1 千米，湾内水深由 0.5 米至 10 米，从岸边至湾口渐远渐深。港湾两边的山体有三种岩石，即辉绿岩、安山玢岩和花岗岩。大海的波涛以其巨大的冲击力，长年累月地扑击崖岩，崖岩不断地破裂成大小不等的石块跌落海湾，被涌浪潮汐反复地翻滚淘洗，折腾打磨，渐渐地磨炼成了一颗颗乌黑发亮的鹅卵石，而海浪又把这些卵石推向海岸，经过百千万年的累积，一条乌黑发亮的石塘出现在樟州湾沿岸。在乌石塘鹅卵石中辉绿岩占 80%，安山玢岩占 15%，花岗岩占 5%，这与大山南部、中部和北部的岩石分布相吻合。

每当月明之夜，澄碧的樟州湾波光闪烁，犹如无数蓝精灵在海面跳跃。月光下，海潮披着银甲前赴后继地拍击海滩，奏起“沙……啦啦……沙……啦啦……”的声响，恰如天籁梵音。此时，游人若躺在清凉光洁的砾石上望明月，听潮音，遐思油然，恍入幻境，人们称此景为“乌塘潮音”。当然能聆听“乌塘潮音”奇响的并非仅有月明的夜晚，只不过白天难以那么入神而已。据说当地渔民能从这潮音中辨认风力的大小或天气的变幻。也有人说，如你能净心虑志地细细听来，还可闻得丝丝然如古筝的妙响！传说这是小乌龙与鲟鱼姑娘在月下窃窃私语！所以又有人美其名曰“乌塘情声”。大乌石塘还另有奇妙之处，如果用一吸铁石去试试，凡是呈灰黑色的石蛋蛋，无论大小都能被吸住。有人说这里的地下可能还藏着“宝”呢！

十里堤塘定海山

三八海塘

堤塘妇作　铸就基石

三八海塘位于舟山市普陀区蚂蚁岛东南侧海岸，始建于1972年6月，1973年10月完工，长1300多米，宽12米，主高5米，原是泥巴石头塘，后经提标加固为标准海塘，可以抵御50年一遇的

三八海塘航拍

三八海塘迎水坡

风暴潮。现海塘全长1030米，工程等级为Ⅲ等，断面形式为直立陡墙式。挡浪墙高程4.89—5.37米，塘面宽度3—4.5米，采用混凝土砌筑护面。

蚂蚁岛是个四面环海的悬水小岛，位于舟山群岛东南部，与桃花岛隔港相望，离沈家门约半小时船程，面积仅2.6平方千米，真的似趴在东海上的小蚂蚁。岛民世世代代以近洋捕捞作业为主，自1958年成立全国第一个渔业人民公社之后，渔民生产积极性空前高涨。但由于土地资源匮乏，后方农业生产始终是短腿。如何使前方渔业和后方农业齐头并进？蚂蚁岛公社党委觉得，如果在后岙至长沙塘之间筑条海塘，围海造地，这样前方有渔业，后方有农业，就可以自力更生了。于是，公社党委于1971年腊月提出“苦战三年，围塘造田”的号召。提一句口号很容易，但落实到具体的人事，却相当困难。蚂蚁岛居民不多，男子都出海捕鱼了，岛上只剩下妇孺。从新中国成立之初开始，蚂蚁岛妇女一向以“创造奇迹”而闻名，成为开拓创业的急先锋。从“草绳船”“火熄船”到“妇女号”机帆船，即使在一向由男人独占的大海上，她们也奋勇争先。而在那个寒风凛冽的腊月里，第一批64名妇女报名，后来发展到300多人。300多名蚂蚁岛妇女组成“三八妇女突击队”，决定继续创造奇迹——修海塘。

1973年10月22日，长1300多米、宽12米、高5米的海塘完工，围海造田350多亩，它像一条巨龙挡住了海水。海塘修建前，蚂蚁岛陆域面积仅为2平方千米。围海造田后，增加了0.64平方千米，蚂蚁岛陆域面积变成2.64平方千米，扩

三八海塘一侧

三八海塘坝顶

容超过四分之一。修建整条海塘只用了 1 年零 4 个月，比预计工期缩短一半多。除三个筑塘口师傅是男工外，其他全部由蚂蚁岛妇女完成，蚂蚁岛的妇女真正体现了“半边天”的作用。这条海塘浸透了她们辛勤劳动的汗水，凝结着她们的心血，是岛上妇女“自力更生，艰苦创业”精神的集中体现，被命名为“三八海塘”。

“三八海塘”守护蚂蚁岛近 30 年，直到 2001 年重修，成为如今的“三八”标准海塘。2002 年，乡政府在海塘上安装了 38 盏电灯。而今“三八海塘”成为岛上景点之一，这条海塘，是全岛妇女汗水和心血的结晶，也是蚂蚁岛民众为子孙后代造福的历史见证，它将永远激励着蚂蚁岛人民自力更生、艰苦创业，创造更加美好的

三八海塘

明天。“三八海塘”为当地居民和祖国后代留下了宝贵的精神财富，传播了正能量，是激励人们解放思想、开拓进取的重要精神象征。

妇女修筑三八海塘老照片

聚源海塘

木石填港　沧海桑田

黄公山

〔清〕朱绪曾

海闸门开海贩多，礁潭石柱望嵯峨。
黄公酒熟扶桑晓，谁补图经细索摩。

聚源海塘航拍

聚源海塘大观

16 世纪的双屿港，是当时亚洲最大的海上贸易基地，被日本学者藤田丰八称为“16 世纪之上海”。因与朝廷海禁政策相悖，明嘉靖二十七年（1548）四月初七，巡抚朱纨遣都指挥卢镗、海道副使魏一恭等，率战船 380 艘、兵 6000 余，进击双屿港，焚艇 35 艘、舰 42 艘，擒海商头目李光头、许六、姚大等，毁其所建营房，而后官兵以木石填塞双屿港。

举世闻名的双屿港在哪里？有些学者认为在普陀六横岛与佛渡岛之间的水域，即佛渡水道，也即现今地图上标注“双屿港”的地方。但对这一观点的质疑是必然的，多种文献均记载双屿港已填塞。明代《筹海图编》揭开了 16 世纪双屿港的神秘面纱，它的标注出在现今六横岛的中部。六横岛中部山脉中断、地势较低，过去可能通航的地段只有两处：一是岑山，即原来六横上庄与

聚源海塘坝顶

下庄的分界线，此地两山之间最狭窄的地段宽40米左右，海拔高10米左右，呈阶梯状分布一些农地，地势低的农地地埂边多有卵石和贝壳，显然是海岸线的遗迹；二是峧头，此地两山之间宽约20米，海拔高5—10米。那么，双屿港朱纨填的古航道只有三种可能性：一为岑山，二为峧头，三为二者均是。有学者认为岑山和峧头均为双屿港古航道，这种可能性更符合中外史料的记载。双屿港的主港区有两块：航道以西为西海岸港区，范围可能包括里岙、外岙、嵩山、峧西、滚龙岙、岑山、清港、杜庄，直至小湖，积峙、沙头当时为孤岛；航道以东为东海岸港区，范围可能包括大岙、峧头、东升、岑山、双塘、梅峙，直至外平峧，石柱头当时为孤岛。东、西海岸的主港区现在大部分均为陆地。

1548年，朱纨完成了他的填港工程，第二年他服毒自杀了，而他的填港工程却日复一日地发挥着作用。填港后双屿港海水水位流速下降，泥沙淤积速度加快，使水深 10 米左右的双屿港逐渐变为滩涂。清康熙、乾隆年间有规模较小的围涂造地，海塘结构简单，涂高浪小地段多为泥塘。至清道光十六年（1836），岑山以东滩涂建起了一条上规模的海塘——“千丈塘”，北起翁家嘴，南至张家塘。次年在峧头以西建起了 1200 米长的“振绪塘”，使积峙山与外岙相连。但双屿填港 300 年后仍具有“港”的风貌，道光二十六年（1846），江南著名文人朱绪曾亲历六横考察，他写道：“今六横周围百里，生聚数千家，分上、下两庄，中隔一港。”并赋诗《黄公山》：“海闸门开海贩多，礁潭石柱望嵯峨。黄公酒熟扶桑晓，谁补图经细索摩。”这位喜欢以考据入诗的诗人用了六横岛五个地名——黄公山、海闸门、礁潭、石柱（即石柱头）、扶桑（六横别称，宋代六横为安期乡扶桑村）。因六横岛地名在变，地形在变，他只能感叹，谁能来补图经细细索摩呢？朱绪曾的考察结果也隐含了这样一个事实：“生聚数千家”的六横岛存在人多地少的矛盾，因此双屿港围垦工程热度不减。1856 年，梅峙建成 1400 米的“永远塘”，1858 年在峧头以东建成 1075 米的“聚源塘”，1858 年在干岩与大沙头之间建成 1200 米的“阜庆塘”，

聚源海塘迎水坡

1865 年在陈家与小沙头之间建成 450 米的“南塘”……以后又有多次修建和扩建。经历年围垦，万船云集的双屿港终于变成了千顷良田。

围垦海塘之一的聚源塘位于舟山市普陀区六横镇洋山新村大岙自然村，始建于清咸丰八年（1858），由邵建标所筑。1956 年维修加固。1979—1980 年，加宽外坡石口，补筑挡浪墙。2000 年 1 月—2001 年 12 月，改建 50 年一遇标准堤，工程等级Ⅲ等。总投资 418 万元。完成土方 0.98 万立方米，石方 3.69 万立方米，混凝土 0.46 万立方米。堤塘向东，属直立斜坡复合式塘型，全长 1264 米，现一线海塘只有 306 米，其余海塘已成为二线海塘。塘顶路面高程 5.4 米，防浪墙顶高程 6.2 米，挡浪墙高 0.8 米，塘面宽 4.5 米，迎水坡 1∶0.5，背水坡 1∶2。迎海面细石混凝土护面，挡浪墙混凝土，塘顶原为混凝土护面，现已改建为游步道，背水坡干砌石护坡。建闸 2 座 3 孔，1 座 1 孔为老闸，1 座 2 孔为新建闸。保护面积 1.07 万亩，保护人口 2 万人。

沧海桑田，是人和自然共同作用的产物，400 多年前的朱纨不可能想到自己竟成为舟山群岛“连岛工程”第一人、“促淤工程”的鼻祖。朱纨木石填港的生态后果，使“双屿”横连在一起变成了“六横”，并不断扩大版图，客观上为今日六横的发展提供了宝贵的资源——土地，当然，也产生了重要的历史文化后果。双屿港沧海变桑田的真实故事，谱写了一篇舟山海洋文化的华章。

千里堤塘定海山

协耕海塘

桃花缤纷　海塘守护

鬻海歌

〔宋〕柳永

鬻海之民何所营，妇无蚕织夫无耕。
衣食之源太寥落，牢盆鬻就汝输征。

协耕海塘航拍

协耕海塘大观

年年春夏潮盈浦，潮退刮泥成岛屿。
风干日曝咸味加，始灌潮波塯成卤。
卤浓咸淡未得闲，采樵深入无穷山。
豹踪虎迹不敢避，朝阳出去夕阳还。
船载肩擎未遑歇，投入巨灶炎炎热。
晨烧暮烁堆积高，才得波涛变为雪。
自从潴卤至飞霜，无非假贷充糇粮。
秤入官中得微值，一缗往往十缗偿。
周而复始无休息，官租未了私租逼。
驱妻逐子课工程，虽作人形俱菜色。
煮海之民何苦辛，安得母富子不贫。
本朝一物不失所，愿广皇仁到海滨。
甲兵净洗征输辍，君有余财罢盐铁。
太平相业尔惟盐，化作夏商周时节。

古代的舟山是名副其实的东海“盐都”，盐业生产历史非常悠久，在唐代就是全国九个海盐产区之一。唐宝应至永泰年间（762—766），盐铁使刘晏设富都监，为史载舟山盐政机构之始。宋熙宁六年（1073），析监为三，曰正监、曰东江、曰芦花；又有三子场，晓峰则隶正监，甬东则隶东江，桃花则隶芦花。这说明当时舟山就有六个主要的盐场。历经一千多年发展，舟山的盐业居浙江全省之先。

厂，原作棚舍解释，“此地三年偶寄家，枳篱茅厂共桑麻”，厂屋就是棚舍，指的是无隔墙

协耕海塘航拍

协耕海塘迎水坡

的房屋。古人晒盐，往往在盐田中建立棚舍，以作盐工休息、存放杂物之所。近代孙振麟在《岱山游记》中记载：“遥望岸上，土堆累然，蓬舍历历，询知其土堆为盐田之卤泥，其蓬舍则制成之卤及晒存之盐也。”“蓬舍历历”指的就是盐厂的棚舍。

古代一般以“盐场”“灶”“亭”等来表示盐业生产的建制，而舟山常独以“厂”来表示盐的生产单位，这可能源自清朝。如清康熙《定海县志》载：“其民间食盐，止许食锅煎煮，自煎自食，永不许设厂砌盘煎烧私贩……”因此，自然村地名作为历史和文化特征的记录，也留下了深深的烙印，留存了一些称为“上厂”“下厂”“盐厂”“里厂”“外厂”“老佃厂”的地方。如桃花岛的“盐厂”，即是清末有史姓人家在此搭草厂（房）晒盐，故名盐厂。桃花岛盐厂村的盐田

协耕海塘坝顶

由协耕海塘、学耕塘与反修塘三座海塘组成的一线海塘进行保护，保护面积 7155 亩，保护人口 1 万人。

协耕海塘位于桃花岛北部的盐厂村，起自韭菜山嘴，终至泥螺岙。始建于清道光年间（1821—1850），1974 年整修加固，为标准式泥石塘，1983 年再修，2000 年 1 月改建为 50 年一遇标准塘，同年 12 月竣工。主塘呈北向，全长 1068 米，高 4.9 米，塘面宽 4.5 米，高 0.8 米。海塘设水闸 4 座，5 孔，净孔径 0.9 米。

拷门大坝

钢铸石垒 笑傲风魔

无风三尺浪，有风浪过岗。多少年来，作为浙江省三大著名海门之一的拷门成了岱山人台风季节里最担心的一个存在。如今，这里却已安然无恙。大海蛟龙在坝下俯首，狂风劲涛在这里止步。

拷门大坝航拍

海浪拍击拷门大坝

“惊涛拍岸，卷起千堆雪。”这里，成了吸引海内外游客的特色海景观光胜地。

拷门（旧写作“栲门”）在岱东燕窝山与缸窑湖之间，民国《岱山镇志》中记载为“拷亹”，意为经海浪激打而形成两岸对峙如门。清康熙《定海厅志岱山图》有“铐门港”之称。1955年舟山专区图上有“考门”记载，这两者疑为误称。同时据传水道两侧的山上曾长有一种栲树，木材坚硬致密，可做船槽、轮轴、栲网，后此地改为栲门，附近有栲门大坝、栲门海塘。

拷门大坝位于舟山市岱山县东沙镇，东北方为岱衢洋，西方为拷门养殖场，其他两边为中国台风博物馆。拷门大坝始建于1972年，由当地军民共建而成。大坝长度450米，宽10米，设计防潮标准为50年一遇。于2013年完成加固，且周围设有监控设施。

拷门大坝素有“浙江抗台第一坝”之称，这里潮水凶猛，一浪接着一浪裹挟而来，拍打在岸边的扭王字石块上，掀起数米高的巨浪，真可谓是浪花飞溅，震耳欲聋。

拷门大坝是浙江省最危险的海塘大坝之一。“沉闷的风声在全封闭的实验室内迅速弥漫，平静的水面瞬间起了波浪，渐渐地便出现潮水。只见潮水越来越大，朝着模型海塘大坝猛烈冲击，激起了一次又一次汹涌的浪花……”这是浙江省水利河口研究院建造的一个试验大厅，模拟台风和潮水的强度，来测试海塘大坝模型的承受能力。正是在这个实验室里，完成了全省最危险的海塘

拷门大坝坝顶

拷门大坝

拷门大坝迎水坡

大坝之一——舟山岱山拷门大坝模型试验，彻底解决了拷门大坝屡修屡毁的问题。

这里刻有曾任浙江省省长的柴松岳同志题写的“拷门大坝”四个大字。这普普通通的四个字体现了沿海人自力更生、艰苦创业、万众一心、众志成城的抗台精神。

十里堤塘定海山

庙后海塘

塔塘相映　海陆宁靖

对久居城市的人来说，海边空气清新，视野辽阔，风光绮丽，是放松身心、观光休闲的好去处。海塘上，游客或散步，或闲聊，或捞小海鲜，或唱歌，其乐无穷。

庙后海塘航拍

庙后海塘全景

庙后海塘

岱山地处东海，屡受台风影响。千百年来，残暴肆虐的风魔，伴着疾雨，催着狂涛，侵害家园，淹没良田，夺走一条条鲜活的生命。频繁的自然灾害、简陋的防御措施给海岛人民造成了严重的苦难。

岱山解放后，党和政府关心人民疾苦，高度重视民生，立下了“砸锅卖铁也要建海塘”的誓言，全县人民万众一心，众志成城，大兴海塘水利建设。在全县海塘堤坝上，党旗飘扬，党徽照耀，党员竞冲锋，群众紧跟进。据县志记载，仅 1951—

1988 年，全县共新建海塘 92 条，总长 93.54 千米。这些海塘犹如一道道牢固的海上长城，抵御了海潮的侵袭，保护了海岛人民的生命财产安全。同时，海塘的建成，也实现了“沧海”变“桑田”的梦想，围涂 7 万余亩，增加土地面积 6 万余亩，有效保护土地 10 万余亩。

庙后海塘始建于 1965 年，总长 3800 米，工程等级为Ⅲ等，挡潮标准为 50 年一遇，保护面积 1.25 万亩，保护人口近 6 万人。海塘采用复合式断面结构，海塘路面塘顶高程 5.2 米，防浪墙顶

庙后海塘坝顶

高程 5.8 米。

庙后海塘一面临海，周围有庙后灯塔、中国灯塔博物馆等建筑。海风乍起，潮起潮落，日月如梭，昼夜交替，海塘和灯塔默然峙立，各司其职，力保海陆宁靖。

二

碶闸安流

放闸二首

〔宋〕苏辙

画舫连樯住，清流泛闸平。忽看银汉落，仍听夏雷惊。
正梔迟回久，开头取次轻。滞留初一快，奔驰忽如倾。
不识风涛恐，聊同枕席行。行逢贱鱼稻，饱食慰平生。

闸空非有碍，水静为谁兴。开闭偶然异，喧豗自不胜。
渊停初镜净，势转忽云崩。脱隘尚容与，投深益沸腾。
玉山纷破碎，陈马急侵陵。挟版千钧重，浮舟万斛升。
岸摇将落木，鱼困或投罾。汹涌曾谁止，萧条远欲凝。
力争知必折，少待亦何能。一发临流笑，微言早服膺。

十里堤塘定海山

白泉老碶

千年海市　功在商埠

古老的河流，流过古老的白泉，在这里与大海交汇，拥吻，就像一个古老的海岛街市自觉不自觉中与海上丝路乃至滔滔不息的中国海洋经济作了一次生动的贯通。

白泉老碶航拍

白泉碶

白泉的老碶头，是白泉人对今柯梅村塘夹岙、浪西一带自然村落的称呼，历史上，那里确实有一个海边的商埠，把白泉的一些产出运去外地。老碶的西南畔有一座历史至少可追溯至清康熙年间（1662—1722）的关圣殿，殿外竖有一块老碶头拓修路工程助资助工碑。

白泉老碶位于舟山市定海区白泉镇柯梅村老碶头路13号东南20米。据1996年《白泉镇志》记载始建于清嘉庆十一年（1806），原为插板式小碶。因年久失修，排水不畅，1963年改造为钢筋混凝土碶闸，7孔，碶门的石柱上镌刻有当年的扩建信息。老碶长19米，宽8米，载重负荷11吨，每秒流量53立方米。1973年，在原闸东侧又增建2孔，共9孔。1986年再更换碶板，建造管理房。1992年扩建成10孔碶，孔径总长20.6米，分布面积201平方米。电动螺杆启闭，最大过水流量 44 立方米 / 秒，排涝面积 5000 亩。老碶西北—东南走向，由碶门门洞、管理房与碶门前水泥桥三部分构成。

生活在塘夹岙、浪西附近的老人们，对老碶头这个商埠的印象是最贴近记忆的，因为很多有关老碶头的传说故事都来自他们父辈或者祖父辈的口口相传。比如民国初年，上海茶商徐启亮曾来白泉境内收购茶叶，雇百名挑夫把茶叶挑到老碶头埠，再用帆船运至上海。又比如抗战胜利后，潮面村民利用当地泥土资源，烧砖瓦和冻制蛎灰（石灰）成品，先用河船把砖瓦运到老碶头埠，再运往嵊泗、岱山渔村。据《中国实业志·浙江省卷》载：民国二十二年（1933）9 月，定海出口盐、鱼、蛋、火鸡等商品百万元，其中白泉出口的盐、鱼、干鱼货占一定数量。皋泄商人叶世

白泉老碶新碶

白泉老碶礅柱

理与定海、宁波旅沪同乡会联运，年联运火鸡量达 3 万羽，以白泉为收购点，用帆船从老碶头商埠装船，运至上海十六铺，转销欧美市场，供外国人圣诞节食用。历史商埠的存在，是白泉“千年海市”形成的硬件保障。

2018 年，白泉老碶南 100 米处新建了全新的十三孔老碶头闸门，原白泉老碶大部分已拆除，仅遗留原西北面的 4 孔及相对应的管理房和水泥桥，混凝土的礅柱上还保留有“白泉老碶”“公元一九六三年春节扩建”和“长十九公尺宽八公尺……”等字样。2019 年被列入舟山三类保护历史建筑。2020 年被列入定海区文物保护单位。

十里堤塘定海山

北海碶

筑塘造碶 孕育文明

历史不仅仅是靠文字来记载，有时一掬黄土、一把石器、一幅绘画，或一片陶瓷都是历史沉默有力的言说者。

马岙位于舟山本岛的西北部，地处黄大洋、

北海碶航拍

北海碶老闸

灰鳖洋、岱衢洋汇集处的三江口，它曾是历史上连接岱山、宁波、上海、嵊泗的重要商埠。在大唐开元年间（713—741），从三江口到定海城北修建了一条全长约 14 千米的逶迤古驿道，道路用鹅卵石铺砌而成，并饰以八卦、几何、动物等图案，驿道上原建有七座驿亭和七座庙，以及一间可供百人休养生息的客栈。岁月悠悠，沧海桑田。历史发展到今天，只存一座驿亭、一间在风雨中飘摇的客栈、一座残缺的石桥，长长的驿道被荒草掩埋，失去了往日的荣光。但从深深的马蹄印中，我们仍可依稀看见过往商贩摩肩接踵的喧嚷场景及商埠昔日的繁华。

自古以来，马岙以其优越的地理位置及良好的自然生态，哺育了一代又一代定居在这里的人们，给予他们丰饶的物产、殷实的生活。1979 年，考古工作者在舟山市定海区马岙镇这个濒海的山丘平原地带各墩地上，发现了面积达 14 万平方米的古文化遗址群。这是舟山群岛迄今发现的规模最大、保存最完整、内涵最丰富的原始村落遗址，其中凉帽蓬墩、长墩和洋坦墩三个古人类居住遗址于 1994 年被列为定海文物保护单位，设有标志牌，并在保护区四周立有界桩，1997 年 9 月，凉帽蓬墩遗址被公布为第四批省级文物保护单位，2000 年 2 月，马岙被省政府批准为省级历史文化保护区。马岙还是古代中日文化交流的中继站，它早在五千年前已开始种植水稻，这一技术作为中华民族的一项灿烂文明被传播到日本。

马岙北面濒海，三面青山环抱，水资源比较丰富。但囿于山低溪流短，中间田野腹地大，全凭拦堤、筑碶而蓄水，靠围涂造地而增加耕田。明代以前，马岙沿面除山脚有少量地田外，中间

北海碶老闸

北海大闸

大片面积为潮进潮出之海涂，海潮直涨至现马岙中心学校前，故先人需筑塘围除、捍卤蓄淡之法造地。

北海碶位于定海区马岙街道西围河，始建于南宋，当时所筑马岙塘俗称老塘，为马岙最古的海塘，其后有元之江塘，明之后湾塘，清康熙（1662—1722）后筑塘造碶更成盛举。北海节制闸位于定海区马岙街道西围河。该闸门始建于1961年，原规模为2.5米×3孔。2008年10月建新闸，现规模为2.5米×6孔，总净宽15米，闸门板高程1.1米。工程防洪标准为20年一遇，工程等级为Ⅳ等，主要建筑物水闸为4级。

十里堤塘定海山

众香溪五眼碶门

闸桥一体　成就繁华

“碶”是由石块砌筑而成、用来捍卤蓄淡的门闸，是旧时舟山人创造的专用字。众香溪五眼碶门位于舟山市普陀区朱家尖街道三和社区五眼村五眼碶 59 号西南 50 米处，东北—西南走向，

众香溪五眼碶门三眼航拍

众香溪五眼碶门三眼上刻字

属于清代古建筑，建于清光绪十九年（1893），由佛教信众集资建成，占地面积 31 平方米。碶门由花岗岩筑成，共五眼，其中三眼和两眼之间被一土坡隔开。全长 11.5 米，面宽 2.7 米，距水面高 3.6 米。

众香溪五眼碶门第二个碶门下流经的河道，被唤作二眼河；所在的村子，也随着这些“地标性建筑”，干脆叫作五眼村。五眼村在朱家尖声名响亮。特别是在 1958 年顺母、泗苏等尚未与朱家尖岛连体前，这个村庄在朱家尖，如同滨港路于沈家门一般，是繁华热闹的代名词。以前，沈家门到朱家尖没架桥，船都经这条河驶进来。这是进出朱家尖的要道，岸边泊着大大小小的船只，跟沈家门渔港一样是泊满的。朱家尖人要去沈家门，都要来五眼村坐船，码头边人来人往，挑担的卖菜的走亲串友的，热闹自不必说。为方便运粮，

众香溪五眼碶门三眼桥面

众香溪五眼碶门三眼一侧

众香溪五眼碶门两眼一侧

众香溪五眼碶门两眼

朱家尖粮管所一度设在碶门旁的一排房子那儿。众香溪五眼碶门上面是石桥，下面是水道碶门。1958年以前，这里还是海，潮水一涨，碶门拔起。后来顺母围涂，顺母、泗苏与朱家尖岛连体后，航线改变，码头搬离，朱家尖粮管所随之迁到他处。不再有螺号吹响的五眼碶二眼河上，昔日的繁华不再，现在的五眼碶，无论是桥上还是岸边，已不复当年盛景。用花岗岩砌成的石桥，残留着青苔痕迹。

众香溪五眼碶门是海岛代表性的建筑，对于海岛水利设施建设和围海造田研究有重要意义，具有一定保护价值。

十里堤塘定海山

螺门闸

缪公筑塘 世人铭记

展茅塘位于舟山市普陀区展茅街道螺门，起自螺门老塘脚，终至茅洋赤石嘴，分直、横两塘，直塘 1.1 千米，横塘 0.71 千米，全长 1.81 千米，塘型直塘陡墙式，横塘复式，塘向西北，保护面

螺门闸航拍

螺门闸航拍

积 0.85 万亩，塘面高程 5 米，塘高 5 米，挡浪墙高 0.9 米。建水闸 4 座 8 孔，总净孔径 15.5 米，保护面积 5700 亩，保护人口 2.2 万。

塘内原有人展塘，民众尊称缪公塘，始建于清康熙四十年（1701）。康熙三十四年（1695），缪燧从山东沂水调至浙江定海任知县。任职二十二年间，按县事主次，逐一主办。由于定海地理位置的特殊性，地处海岛，四面环海，当时定海发生的重大灾害大都来自海上，一旦遇到大风潮，海水溢陆地数十里，毁船、毁田、毁屋，溺死人无数。缪燧将治县方略的首要定为筑塘，先后发动群众修筑海塘 23 条，总长 43910 米，新造碶门百余座，垦复农田万余亩。还造了不少海闸，挖了几十条河，掘了几百眼水井。在修筑大展海塘的过程中，缪燧常穿土布衣、草鞋，到工地参加劳动，与民众同吃、同住、同劳动十余天。

螺门闸上游侧

后来，人们把这条海塘称为“缪公塘”，称缪燧为“筑塘老爷”。小沙是最初修筑海塘的地方之一，小沙民众为纪念缪燧筑塘之功，自发为其建生祠，因缪燧坚辞不受而改建为“小沙大庙”，即现在的缪公祠。2015年，缪公祠内建成了由民间集资筹建的缪燧纪念馆。现祠庙正殿那副对联“筑塘堵潮辟良田德泽小沙；贤能仁政除灾害永获民心”，正是当时缪公筑塘乡民感恩的真实写照。

1965年11月，大展塘外移重建，1971年竣工。1974年，因13号台风侵袭倒塌，当年堵口抢修。1995年，按20年一遇标准加固，1996年10月竣工，1997年，受11号台风侵袭，海塘又决口两处计40多米，塘基局部沉降。1999年1月，改建50年一遇标准海塘，次年6月竣工。

螺门闸

螺门闸位于展茅塘上，原名大展新碶。清康熙四十年（1701）始建，岩基，2孔门，1956年

螺门闸闸顶

改建为 4 孔，2009 年再次改建，现闸为 6 孔，单孔径 2.5 米，净宽 10.4 米，排水孔高 2.6 米，最大过水流量 65 立方米 / 秒。开敞过式，钢筋混凝土闸门板，螺杆电动启闭。排涝面积 4000 亩。

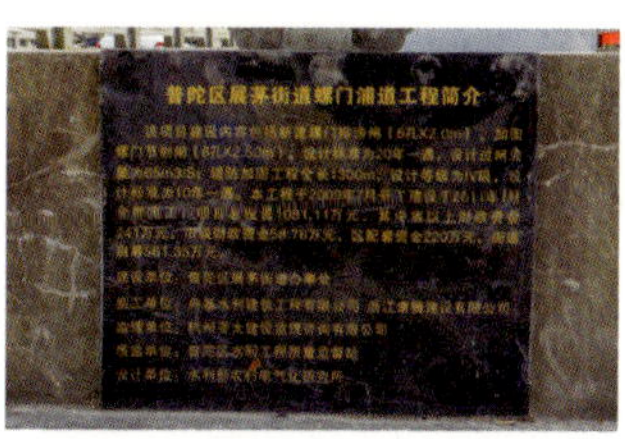

螺门浦道工程碑

三

围涂平流

顺母涂山

〔清〕释汉兆

历来蠲赋足斋粮，粒米同餐云水堂。
曾说丛林香饭好，钵盂到处福无量。

此地相传顺母涂，僧家也要学农夫。
种来粒粒香厨饭，大众同尝道味腴。

滩涂围垦在舟山有着悠久历史。“秦海汉涂、唐灶宋居”，舟山人民祖祖辈辈前赴后继、锲而不舍地围垦造地，把大片滩涂变成了富饶的家园。六横小郭巨、东港、朱家尖顺母新北垦区等都是围垦的结果。

十里堤塘定海山

精卫填海 顺母围涂

顺母新北围涂

历史上，朱家尖与顺母涂山是两个并不算大、各自孤立、人烟稀少的小岛，历代人不断围垦使两岛面积越来越大，人口越来越多，最后在新中国成立初终使两岛连成一片。在朱家尖围海造田

反帝海塘

的进程中，普陀山僧人亦作出了一定贡献。当地人民前赴后继，代代相承，矢志不渝，在朱家尖的开发史上抹上了浓重的一笔。

顺母涂位于现朱家尖岛的西南，面积约有万余亩，涂面平坦，涂质属粉砂泥质，底栖藻类及其他饵料生物相当丰富。涂面生产的主要经济物产种类有蛏子、泥螺、蛤州、蚜子、绷鱼、章鱼等十余种，其中以泥螺最为有名，围涂前年产量一般为 1270 吨。顺母泥螺远销香港，甚至远销至新加坡、印度尼西亚等地。当地群众称顺母涂为“聚宝盆”“摇钱树”。

2021 年的顺母垦区

1986年的顺母垦区盐场

顺母新北垦区位于原朱家尖、顺母、泗苏三岛间。1960年建成东、西、南、北四塘，围涂1.28万亩。同年10月建立国有顺母农场。1972—1977年新建新北塘和钓鱼礁塘，增围1200亩。建场后，垦区先后开挖河道干渠7条、12.73千米，花沟支渠250条、272.5千米；改造3371米长的石榴江，蓄淡水26万立方米，建成库容60万立方米的红旗水库；筑海塘6.97千米，其中一线海塘8道、3.43千米。涂内生产的西瓜、柑橘誉满省内外。舟山朱家尖机场也坐落于垦区。

顺母新北垦区主要由反帝塘、反修塘、机场南塘、钓鱼礁塘、群英塘、北站塘、机场北塘和白山塘8条海塘围成。后来又进行了诸如朱家尖西南涂围垦工程（2013年实施，围垦面积5053亩）等新的围垦工程，造成反帝塘现在部分为一线海塘，部分为二线海塘，北站塘、机场北塘仍为一线海塘，反修塘、机场南塘、钓鱼礁塘、群英塘、白山塘已沦为二线海塘。

反帝海塘位于朱家尖岛西部，起自泥螺山，终至小岙北碾山嘴，全长 2500 米，由普陀山僧人筑于清光绪十九年（1893），民国二十六年（1937）修复加固。原南塘外围新塘（南段 629 米，北段 1871 米）1974 年遭 13 号台风侵袭，决口 220 米，后修复加固，民众改名为反帝塘。1978 年按 10 年一遇标准维修加固，1979 年遭受 10 号台风侵袭受损，1980 年重新翻拆加固。1984 年南段部分塘脚变形，凸肚散石，1985 年再修加固，墙砌消浪平台，次年竣工。2000 年 1 月改建为 50 年一遇标准海塘，2002 年 12 月竣工。塘型陡墙式，塘向西南，塘高 5 米，挡浪墙高 0.6 米，

反帝海塘

塘面宽 4.5 米，迎海面混凝土护面，挡浪墙混凝土，塘顶混凝土护面，背水坡混凝土护坡。建水闸 5 座 17 孔，总净孔径 34 米。

反修塘位于朱家尖西部，起自泥螺山，终至普陀山机场，长 1.87 千米，始建于 1972 年，1974 年堵缺口，因塘身漏水，首次应用冲抓回填技术堵漏，1978 年加固时加筑挡浪墙。因塘身单薄，高度不足，石口变形，1985 年被列为危险海塘，多次维修加固，1997 年，受 11 号台风袭击受损严重，1999 年 2 月改建 50 年一遇标准海塘，2000 年 12 月竣工。塘型陡墙式，塘向西，塘高度 5.9 米，塘面高程 5.9 米，挡浪墙高 0.8 米，塘面宽 4.05 米，迎海面采用混凝土护面，挡浪墙混凝土，塘顶混凝土护面，背水坡混凝土预制块护坡。建水闸 2 座 4 孔，总净孔径 6 米。

机场南塘位于朱家尖西南部，起自冷湾山嘴，终至反修塘，长 1.35 千米，始建于 1958 年，1960 年竣工。该塘原为斜坡式泥石塘，后塘身下沉，石口变形，1962 年拆建，改陡墙式，1968 年培土加固，1996 年为保护普陀山机场，通过加高加固，防潮能力提高到 50 年一遇。2001 年初，又按新标准改建 50 年一遇标准海塘，当年 12 月竣工，由普陀山机场主建。塘向西南，塘高度 6 米，塘面高程 6 米，挡浪墙高 1 米，塘面宽 4 米，迎海面采用细石混凝土浆砌块石护面，挡浪墙混凝土，塘顶混凝土护面，背水坡干砌块石护坡。建水闸 2 座 4 孔，总净孔径 8 米。

钓鱼礁塘位于朱家尖南部，原长约 344.35 米，兴建于清道光二十四年（1844），1973 年重建，1999 年 2 月改建 50 年一遇标准海塘，2000 年

机场南海塘坝顶

10月竣工，总投资214万元。塘起自冷湾山咀，终至太平岩，全长640米，塘型陡墙式，塘向南，塘高度5.4米，塘面高程5.4米，挡浪墙高0.6米，塘面宽4米。迎海面采用细石混凝土灌砌块石护面，挡浪墙混凝土，塘顶混凝土护面，背水坡干砌块石护坡。建水闸1座4孔，总净孔径8米。

群英塘位于朱家尖西部，始建于1974年。1978年堵口，1981年拆修，1984年按20年一遇标准重修，1986年7月竣工，2000年1月改建50年一遇标准海塘，2001年12月竣工。现塘起自小岙山嘴，终至大黄岩，全长2千米，塘型陡墙式，塘向西南，塘高度5.2米，塘面高程5.2米，挡浪墙高0.6米，塘面宽5米。迎海面混凝土护面，挡浪墙混凝土，塘顶混凝土护面，背水坡混凝土现浇护坡。建水闸5座5孔，总净孔径7米。

钓鱼礁海塘坝顶

北站塘位于朱家尖西北部，全长 3.07 千米。主塘起自凉帽潭，终至金钵屿，长 2.77 千米，塘向西北；副塘起自金钵屿，终至泗苏外山咀，长 300 米，塘向东北。该塘始建于 1966 年“文化大革命”时期，施工时断时续，1973 年建成。1976 年外墙加固、内坡加宽。因基础沉陷，石口变形，1982 年按 20 年一遇标准维修加固，1988 年竣工。2000 年 12 月，又按新标准改建 50 年一遇标准海塘，2002 年 12 月竣工。该塘南段陡墙式，北段复式，塘高度 5.2 米，塘面高程 5.2 米，挡浪墙高 0.6 米，塘面宽 4.5 米。迎海面混凝土护面，挡浪墙埋石混凝土，塘顶混凝土护面，背水坡混凝土六角块护坡。建水闸 3 座 5 孔，总净孔径 9 米。

机场北塘位于朱家尖北部，起自白山，终至泗苏山，长 1.15 千米。始建于 1972 年，1976 年竣工。因塘身沉陷，石口松动，高度不足，1985

北站海塘迎水坡

年加固时对险工段加做消浪平台，1987年初竣工。1996年为保护普陀山机场，通过加高加固把机场南塘和北塘防潮能力提高到50年一遇。2002年1月，又按新标准改建50年一遇标准海塘，当年12月竣工，由普陀山机场主建。塘向东北。塘高度5.5米，塘面高程5.5米，挡浪墙高1米，塘面宽5米。迎海面采用干砌条石护面，挡浪墙混凝土，塘顶混凝土护面，背水坡干砌石现浇混凝土护坡。建水闸2座6孔，总净孔径12米。

白山塘位于朱家尖北部，该地原为天然沙塘，1961年军民共建新筑海塘540米，次年3月竣工。1980年塘线向外延伸180米，1982年5月加固塘脚，筑挡浪墙。1987 年加砌消浪平台 310 米。1998 年 2 月改建 50 年一遇标准海塘，当年 12 月竣工。现塘起自老鹰嘴，终至白山头，全长 720 米，塘型复式，塘向东北，塘高度 7.2 米，塘面高程 7.2 米，挡浪墙高 0.65 米，塘面宽 6.6 米。迎海面混凝土面板护面，挡浪墙混凝土，塘顶混凝土护面，背水坡干砌块石护坡。建水闸 2 座 3 孔，总净孔径 6 米。

百座古桥耀昌国

咏补陁洛迦山（其二）

〔元〕刘仁本

一轮宝月海波澄，海上观音现大乘。
剑佩鬼神来刻刻，烟霞楼观起层层。
烧香使者天台客，说法高人日本僧。
安得此身生羽翼，还从彼岸快先登。

千岛之城，地面崎岖，交通不便。舟山没有大江大河，但有小溪流，因此舟山的桥具有明显的短而小的特点。舟山人民建桥修路，解决了民众生产生活难题。本章选取涉水类古桥遗产 10 项，明确地解答了求真务实的舟山精神。

甩龙桥

蛟龙戏水　赋就传奇

舟山的桥文化，从定海城区就可见一斑。定海历史悠久，人文鼎盛，河长桥多，桥的人文内涵也就特别丰富，几乎每座桥都有它的一段历史，一段佳话。

甩龙桥俯瞰

甩龙桥

甩龙桥拱

早年定海城关河道甚多，河水清冽，可见游鱼，河上架有木桥、石桥、水泥桥等，旧城区内颇有一番小桥流水的古意。石桥连街接巷，真可谓是“无桥不成市，无桥不成路，无桥不成村”。定海古桥所具有的环境布局美、结构装饰美和桥楹诗文美特点，构成了独特的海岛市井交通景观。

小沙镇三面环山，东邻马岙，南靠双桥，西接岑港，北临长白水道。这里是当代著名女作家三毛的故乡，三毛祖居内依然保存有她的遗物。还有建于明洪武二十四年（1391）的王氏复翁堂，建于清道光二十四年（1844）的甩龙桥，颇具历史、科学和艺术价值的“天后宫”，以及地处幽谷清溪的古老石桥——寺岭桥，风景优美宜人。

定海古桥中最具传奇色彩的，是位于舟山市定海区小沙街道光华社区的甩龙桥。桥身由条石与方石搭配砌成，呈拱形，因整座桥身俨如一条

甩龙桥

倒甩的蛟龙而得名。此桥历经百年风剥雨蚀，依然坚固如初。

甩龙桥修建于清道光二十四年（1844），同治年间（1862—1875）重修，东北—西南走向，横跨小沙大溪坑，单孔石拱，桥长 7.7 米，宽 2.36 米，净跨 3.7 米，栏板北面中间刻有“桥栏傅奕秀造”六字。

甩龙桥桥畔曾刻石立碑，设桥神菩萨香火堂。相传有多人从此桥跌落而无一伤亡，一时传为佳话，民间称此桥有桥神菩萨保佑。

1994 年，小沙镇为保护甩龙桥历史景点，在桥侧建成一座姐妹桥，形成“双龙相映”之态。甩龙桥于 1990 年被列为定海区重点文物保护单位，是研究舟山桥梁建筑工艺的珍贵资料。

绿色覆盖的甩龙桥

虹桥

踏虹而过　执经叩问

虹桥

〔宋〕胡仲弓

才过虹桥渡，漫山皆紫泥。
鸥边秋水落，牛背夕阳低。
酒向污樽饮，诗从板壁题。
江郎在何许，灵石与天齐。

虹桥俯瞰

虹桥航拍

虹桥位于舟山市普陀区盐仓街道虹桥村委会旁，桥下是一座近方形的水池，南北与溪流相通。桥东侧是一幢木牌楼，西北侧是一幢木质休闲楼，类似农庄。桥长约 12.5 米，宽约 1.8 米。桥望柱高 1.18 米，栏高 0.85 米。

元《大德昌国州图志》载："虹桥，去州北十里，枕大溪，形如卧虹。"故名虹桥。清康熙《定海县志》有"虹桥"标注，桥北有书院遗址。1970 年建造虹桥水库改河道，另建新虹桥。2011 年，当地政府挖掘老虹桥供人参观。桥为平板石，勒字"虹桥　嘉庆二年重修"。

关于虹桥，还有一段传说。以前的虹桥是岑港、大沙、小沙、紫微一带岛民通向定海的必经之道。古时虹桥是木桥，虹桥的上下游分别为叉河和盐仓，当时盐仓人晒盐，但是晒出来的盐口感不好，生活水平也比叉河差，很多人就很奇怪，就只隔了一座桥，怎么差那么多？抱着这样的疑问，盐仓人找了风水先生询问原因，风水先生说，虹桥的造型如卧龙，尾朝叉河，头朝盐仓，在盐仓吃下的东西都排到了叉河，并留下一句话："要想盐仓风水转，要等虹桥桥木断。"盐仓人得知后，赶紧找人去锯虹桥，却被叉河人发现，受到制止。后来到了清嘉庆二年（1797），老虹桥重修时由木质改为石质，桥面由石块拼成，桥墩有两个，每个桥墩都由 9 块小石块铸成，小石头两头尖，被称为"枣子心"，不仅十分牢固，还有利于桥下河流排水。

20 世纪 70 年代，因为建造虹桥水库，需要改变下游的溪流走向，虹桥遭到废弃，并同身下

虹桥桥身

虹桥及桥碑

的溪坑一起被埋入地下。现在的古桥是经当地政府和天鹅山庄农家乐景点共同出资修复后的古桥新貌。重修后的虹桥，桥长 11 米，宽 1 7 米，保留了古桥墩和古桥梁，修复所用石材都是从岑港老唐山运来，与古桥相同的石料。

虹桥重修碑记

百座古桥耀甘国

长春桥

长灭长生 见证沧桑

舟山定海马岙是舟山乃至浙江省人类发展历史文化底蕴最为深厚的地区之一，被称为中国海岛第 村，早在5000年前，先辈们就已经在这里耕作生活。马岙还是舟山海洋文化的开端，有

长春桥航拍

群山环抱中的长春桥

着“海上河姆渡”的美誉。

长春桥就坐落在依山傍海的马岙。长春桥，又名马岙桥、长清桥，因位于长春岭而得名，原址在今长春岭水库底中段靠南淹没区，1958 年造水库时被迁移至淹没区以上 60 米处。1958 年水库建造之前，这里本是长春深谷，有古驿道经此。

长春桥是一座由青色条块花岗石筑成的三孔石桥，主孔直径 3 米，左右两孔直径 2 米。桥高 2 米，长 5 米，两个桥墩均用 12 块石条相叠而成，桥上有精致的桥栏。桥板南侧刻有“马岙桥道光二十六年岁次丙午孟春月下浣吉旦一甲重修造”字样，北侧刻字“大清光绪二十七年重修”。桥头另有一块勒石，上刻“马岙桥己酉孟春月造”。据明天启《舟山志》卷二“桥梁”载：“马岙桥，

长春桥

长春桥刻字

长春桥桥底

嘉靖四十三年（1564），塌于龙（卷）风，万历四十三年（1615）重建。”由此可以推测，长春桥初建是在嘉靖四十三年（1564）之前，最迟在明嘉靖二十八年（1549，己酉）。天启《舟山志》还载有马岙桥桥铭：“水性本清，泥泽淆之。溶而澄焉，逝者如斯。”

长春桥是定海连接三江码头驿道上的主要桥梁之一，它记录了历史的沧桑，目睹了人间的风云变幻。

长春桥桥碑

百座古桥耀日回

海会桥

锦屏临海浪 法雨飞天花

海会桥在普陀山法雨寺前，与普济寺的永寿桥一样，也是建在放生池上。法雨寺，是普陀山上第二大的寺院，俗称后寺，建于明万历年间（1573—1620），经历过清康熙十年（1671）的

海会桥

绿树掩映海会桥

徙民毁寺。法雨寺历来被尊为观音大士别院，所以清康熙三十八年（1699）、雍正九年（1731），朝廷赐帑重建普济寺时，法雨寺也同时重建。同治、光绪间（1862—1908），又经立山、化闻师徒两代大规模的重建重修，终成现寺规模。

海会桥前古木参天，幽静淡雅。海会桥横跨日莲池上，将池分割为东西两潭。桥建于清光绪十八年（1892），由法雨寺住持化闻募资修建。海会桥为单孔石拱桥，长约 20 米，宽 5 米，两侧栏板双面浮雕有各种戏剧故事、竹木花卉、飞禽走兽、虾蟹鱼鳖等图案共 52 幅，石栏柱头雕有小石狮，刻工精致，栩栩如生。1990 年曾由普陀山佛协重修。桥目前保存完好。

入法雨寺山门，须经过此桥。就功能来说，海会桥既是一座交通桥，又是一座礼制性桥梁，所以更注重于形式。在寺前建一座大跨度的高拱石拱桥，当然最理想了，但受放生池面积限制，大跨石拱桥，如同小孩戴大帽，很不协调。而按照正常跨度砌筑，与入寺的坡路相连接，则又会过于低矮，显不出寺院的庄严。采取加厚桥面来增加桥高，桥虽高了，但桥孔就显得小了，犹如涵洞，也缺乏美感。唯一的办法，就是通过提高起拱点来增加桥高。为避免因提高起拱点而桥孔显得细长，采用了桥下做成台基的形式。在桥墙的中下部，做出一道枭混线条，如同须弥座台基的上部叠涩，半圆形拱券从台基的面上开始砌筑，联柱石也直接落在台基之上，这样一来，拱券提高了，桥面也随之升高，而有了这横向的线条，桥孔看上去并不觉得细长。为求整体统一，拱券之上无伏券，券脸也雕琢出相似的线条，桥面两侧及踏道的垂带外侧，也是同样线条，使得整桥

海会桥桥身

海会桥雕饰

的侧立面一下子变得大气了许多。

海会桥的拱券也显得有点与众不同，拱券的砌法采用并列砌置，每道用五块券石，十二道券石并列，每道券石宽度基本相同。拱券并列砌置形式，在江浙一带的石拱桥上极少出现。除了桥型和拱券，此桥最值得细品的，当然是它的雕刻了。桥两侧共有二十六块栏板、二十八根望柱、四块抱鼓。望柱上部的石狮，“文革”时被毁，现在所见到的石狮全部为后来重新加接。而栏板、抱鼓的雕刻却基本未损，所以初看时，以为也是新的，其实块块都是原物。栏为实心栏，两面都有雕刻，外侧的图案，除西向一块中栏为双龙戏珠外，其余皆为如意云头，变化不多。但内侧的图案内容就非常丰富了，人物、花卉、禽畜等，各不相同，刻工极为细腻。

海会桥一侧

东西两边，拱券之上桥面之下，嵌桥额石，石面与桥墙平，浮雕横轴，下饰如意头匾托。桥名“海会桥”大字阴刻，为化闻所题，落款小字刻于轴外石边，东额为“光绪辛卯季夏吉旦悟道人书”，西额为“大清光绪十七年六月法雨住持化闻题”。化闻（1840—1897），名福悟，俗姓张，奉天（今辽宁沈阳）铁岭人。

法雨寺前的海会桥，是法雨寺前沿的重要通道，在桥上小憩，可观千步金沙的层层海浪。海会桥与大海交融，试问天下还有哪座寺院有如此之气派？康有为的“锦屏临海浪；法雨飞天花”便是其最佳写照。

百座古桥耀昌国

上和桥

清代石平桥
舟山『安平桥』

上和桥位于舟山市普陀区千岛街道浦西社区新花村庙前，横跨庙前河。因为没有桥底通航的需求，且考虑到造价，舟山农村里造的多为平桥。上和桥始建于清同治年间（1862—1875），为单

上和桥航拍

上和桥

孔石平桥。桥建筑面积 23 平方米，东北—西南走向。桥全长 9.35 米，宽 2.6 米，高 3.5 米，孔跨径 2.5 米。桥面用 5 根石条铺设，石条长 3.35 米，宽 2.6 米，厚 0.2 米，矢高约 3.5 米，中孔净跨 2.5 米；桥面南北斜坡各长 3 米，宽 2.6 米。全用花岗岩砌筑，主体框架仍较完整，整体布局较清晰，西侧中间栏板上刻有“清同治八年（1869）顾门周氏助”题记，保存完整。民国甲戌年（1934）八月，袁曾皆发动群众修建栏板和望柱，又新增桥面石条 2 根、护手栏板 2 面、水泥石柱 4 个。

近几十年随着舟山农村交通的发展，不少古桥都消失了，像这样保存完好，又有刻字记载建成年份等信息的古桥已不多见。上和桥虽然桥体不大，但却是普陀区现存唯一保存完整的清代平板石桥，具有一定的历史价值。2003 年 6 月，该桥被公布为普陀区区级文物保护单位。

上和桥桥面

茅洋桥

惠济百姓　沐浴关怀

茅洋桥位于舟山市普陀区展茅街道茅洋村164号东南3米，即牛鼻岭山下原沈蝉公路茅洋段，跨越林家溪与茅洋溪处。东西走向，现今的水泥桥建于1958年。花岗岩基石钢筋水泥桥面，

茅洋桥航拍

不同季节的茅洋桥桥洞

茅洋桥一侧

桥长12.8米，桥面宽6.6米，拱跨4米，拱高3.1米。

如今桥边树有两块惠济桥碑，慧济桥很可能是如今的茅洋桥的旧称。在这两块惠济桥碑上，密密麻麻地列着修桥捐赠者的姓名和捐赠金额，据碑面右上款中“今将重修本桥”和左下款中“光绪二十七年”字样，可以推断茅洋桥的历史可能比清光绪二十七年（1901）还要久远。舟山普陀区文物普查队队员俞保根推算，茅洋桥可能和附近的娘娘桥属于同一时期的桥梁，已有两百多年的历史。

茅洋桥还有一段独特的历史。1958年11月初，刘少奇来到舟山，从洛阳营去螺门许昌连，途经此处。当车队从山间公路下来，前面的警卫人员要求首长停车，徒步过桥。原因是当时茅洋桥是一座木桥，且年久失修，不很牢固，考虑到

惠济桥碑

首长安全只能空车而过。刘少奇下车来到桥边，仔细察看，果然如此。便与陪同的舟山地委书记王裕民说，这一带是舟山军事布防的重要区域，战略地位十分重要，一有战事，调兵遣将都需经过此桥，应把木桥改掉，修筑一座牢固的钢筋水泥战备桥。于是，不到一年的时间，在1959年上半年，一座新的花岗岩基石、钢筋水泥路面的新拱桥建成。茅洋桥的建设体现了舟山人自力更生、艰苦奋斗的精神，齐心协力、顽强拼搏的精神。此桥在舟山军事史上具有十分重要的意义。

近年来，随着牛鼻岭隧道开通，茅洋桥过往车辆大大减少。2010年6月11日，舟山市政府公布茅洋桥为第七批市级文物保护点。

海印三桥

护国永寿　皇家督造

永寿桥

〔清〕释能劭

一虹横沼跨，永寿著其名。
不逐沧桑变，还同日月庚。
凌波青嶂合，映水白莲生。
佛国开南海，桥悬天地清。

永寿桥

瑶池桥

普济寺门前海印池上有三座桥，前面朝西边的叫瑶池桥，也叫平安桥，是平民百姓走的，寓示着一生平安。中间的一座是古代皇帝走的，叫平桥，也叫富贵桥，寓意富贵永存。第三座是明朝大太监张随为了督造普济寺皇家寺院扩建工程，来到普陀山建造的一座文武百官走的桥，叫作永寿桥，也叫莲花桥，寓示着走上去步步高升，走下去永远长寿。

瑶池桥建于清康熙年间（1662—1722），桥长 40 米，宽约 5 米。由方块石叠砌垒成，单孔石拱桥，桥四周都有龙头，下雨时，龙头中会吐出水来。此桥小巧玲珑，微呈虹形，与永寿桥高低错致，共同烘托出普济寺琉璃辉煌之气势。

平桥，建于清雍正九年（1731）。桥宽 3.5 米，离水面 0.2 米，筑在千年古刹普济寺的中轴线上，

平桥

北面连接普济寺正山门，南衔御碑亭，亭里有一碑，碑文是康熙皇帝亲笔书写的普陀发展史，这位从未到过普陀的皇帝，凭着自己的想象写道：“普陀秀峙海壖，回立于天风紫涛浩瀚无际之中，尤灵秀萃聚，宜其为仙真之所栖息。”写出了名山的灵秀与遗世独立。平桥两边有桥栏，人行其上，如履波间。

永寿桥始建于明万历三十四年（1606），系人监张随所建。桥型古朴，但不失精巧优美，桥面略呈弧形，线条柔和流畅，犹如一条长虹卧于莲花池上。桥为单孔半圆形石拱桥，长 40 米，桥面宽 7.5 米，净跨 6.5 米。拱券采用联锁分节并列砌筑法，桥体用规整石块砌置。拱券两侧设有对联石，联石顶置横系石，伸出墙面的端部雕琢形象生动的螭首（俗称龙头），螭吻是古时传说中没有角的龙，能镇桥避邪，保一方平安。桥面两

平桥桥亭

永寿桥桥面

侧设石栏板，栏板上部为镂空莲花雕饰，底部有浮雕图案纹饰，间隔望柱共 40 根，望柱头雕刻造型各异的石狮 40 只，桥栏端部置雕饰精美的抱鼓石，此桥雕饰堪称石刻中的珍品。桥面两端各有长石板铺砌的石阶 26 级上下。民国八年（1919）陈性良捐资重修。1990 年整修过桥的两侧栏杆。跨越海印池的永寿桥，规模为普陀山中古桥之冠，即使在我国其他三大佛教名山中也是首屈一指。这座经历了四百余年风雨的明代拱形石桥，像一位长寿老人，见证着普陀山的发展变迁。

太平桥

天下太平　万物安宁

司基村位于岱山本岛的中心，属于舟山市岱山县东沙镇。它四面环山，是个农业大村。细问为何此地叫“司基”，很多人答不上来。上了年纪的老人能应答一二，但也答不全。“司基”二

太平桥航拍

太平桥航拍

字有典故可寻，“雍正七年浙江巡抚李卫奏请岑港巡检驻岱山……司署在司基蜘蛛墩东岳宫之右首”，百姓认为其是司法衙门基地，故名司基。司基又分里、外两个司基，这是根据自然村在小桥里外，以及与高山远近划分的。

在外司基龙山脚下，有一座桥，名曰“太平桥”。太平桥始建于清乾隆五十六年（1791），为双孔石板平桥，通长 7.4 米，宽 1.8 米。桥南侧石条侧面刻有“大清乾隆伍拾陆年造”。太平桥为东西走向，桥下有河水流过。在桥一侧，有一石碑，记载着这座桥的来历。

司基村内，郑、徐、周、金、俞、何为六大姓，其中郑、徐、周为早期迁入的大姓，金、俞、何姓人口相对较少。全村共有 40 余种姓氏人口迁入。司基的郑氏始于 88 世邦应义公次子天永所生独子一元，由宁波慈溪留车桥鞍山而来，大约在

太平桥侧面

太平桥结构

清康熙三十二年（1693）迁至柳州沟定居，生了两个儿子。次子在康熙末年自柳州沟来到了司基。据当地百姓说，这桥是当地郑家第一代祖郑大章建造的。郑家族谱上亦有记载印证。郑大章是个良善之人，看到百姓们往返两个地方很不方便，有要紧的事儿还得绕远路，便造了这座桥。

太平桥是司基村的交通要道，也是岱山境内唯一保存完整的清代双孔石板平桥，具有一定的历史价值。

千点印记映渔都

昌国怀古

〔清〕乔钵

环海多膏壤，况通万里津。
山川唐旧邑，文物宋遗民。
要地需封守，残黎仗拊循。
重迁应轸念，谁为上书陈。

舟山岛屿分散，陆域狭小。悬崖上、渔村里、藏书楼上，舟山先民留下了无数的治水印迹。碑刻、书籍等文献各种各样，如一串串珍珠，闪烁着智慧的火花，折射出历史的光芒。本章选取 3 处石刻、5 处文献，来生动地体现舟山发展、革新、创造的城市文化历史。

一

碑刻印记

游普陀题[①]

〔清〕康有为

观音过此不肯去，海上神山涌普陀。
楼阁高低二百寺，鱼龙轰卷万千波。
云和岛屿青未了，梵杂风潮音更多。
第一人间清净土，欲寻真歇竟如何。

① 诗题一作《题不肯去观音院》。

千点印记映渔都

东江碶告示碑

勒石禁令 以垂久远

告示碑有广义与狭义的理解。告示乃布告。一般而言，凡刻载于碑的内容，均有广而告之的含义，故各种形式的法律碑刻均具有告示碑的内涵，如圣旨碑即是以皇帝名义颁发的告示。狭义

东江碶告示碑墙

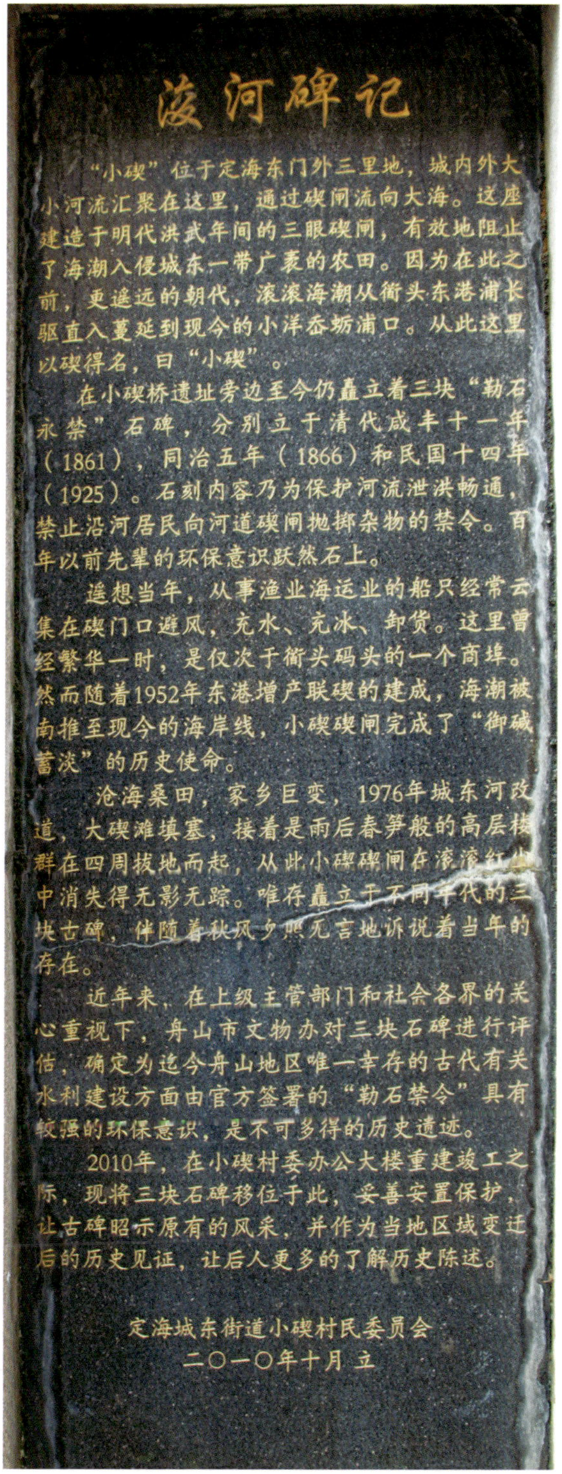

小碶村浚河碑记

的告示碑特指由官府，尤其是地方州县官府出具的、具有昭示性的禁令文书。明清时，发布告示禁令为州县官的一项重要工作。告示通常张贴在衙门前照壁，而告示碑多立于官衙、通衢、庙宇、桥梁或其他公共性建筑物旁。

与张贴的告示不同，刻立告示碑是为行之久远，而且要引以为凭。尽管州县官颁发告示禁令难免流于形式，但从告示碑的订立过程及内容，可以看出它具有明显的针对性和较为广泛的禁约性，并且可以补国家律令之不足。

东江碶告示碑位于舟山市定海区城东街道小碶南路 1 号小碶村委会门口，由三块"勒石永禁"石碑组成，分别立于清代咸丰十一年（1861）、同治五年（1866）和民国十四年（1925），分别由不同时期的定海直隶厅最高长官签署。小碶村委会为此还新立了浚河碑记，记录这段历史。在明洪武年间（1368—1398）之前的更遥远的历史时期，这里还是一片滩涂，定海城内的大小河流在小碶集结入海。潮发时，海

清咸丰时期勒石永禁碑

水从现在的东港浦入侵，一路长驱直入到现在的小洋岙沥浦口。数百年以来，本地历代先辈们为整治水患，在沿海一带采取造海塘、筑碶闸、疏浚河道等措施捍卤蓄淡。至明末崇祯十一年（1638），翁州边防参将裘兆锦在这片区域建造了小碶，构筑了几千米海塘。就是这一座碶门，以及两边的海塘，将长驱直入灌到大小洋岙的海潮隔断在此。碶之西边，是涨落不绝的海水，成为有名的东港浦；隔着碶门的东边，渐次成为淡水河，河的两岸，开辟了从大小洋岙一直到黄家碶一带广袤的优质农田。定海城内的居民生活也不再受海潮的侵扰，得以休养生息。将海水南推至现今的海岸线，可以说这个小碶的碶闸是功不可没的，这片区域也被称为“小碶”。由于裘兆锦功绩卓著，舟山百姓曾为其在碶闸边建生祠以感其德（今扩建为福德庙）。

当年，从事渔业海运的船只经常云集在小碶门附近避风、装水、装冰、卸货，小碶成了仅次于道头码头的一个商埠。直到1952年，东港浦增产碶建成，海潮被南推至现今的海岸线，小碶也完成了“御碱蓄淡”的使命。在几十年的城市变迁中，小碶的碶门已经埋没于地下，唯有当地人才知道，福德庙旁边一块突出于地面的石头就是曾经小碶的所在。

清同治时期勒石永禁碑

小碶历史使命的结束并不意味着其功绩的磨灭。它的辉煌地位和重要作用在舟山的史志记载中俯拾即是，随处可见。立于碶门边的三块建于不同年代的勒石永禁碑就是这一区域自然环境变迁演化的见证人。随着时间的流逝和城区的东扩，三块石碑的碑文中不少字迹或是由于风雨的侵蚀，或是由于人为的损害已经漫漶不清。为了延缓其损伤进程，让后代子孙得以长久欣赏其风采，并了解这一区域的历史变迁，进行抢救性的保护成为当务之急。

东江碶告示碑石刻内容均为告诫附近的居民，要保护河道与碶闸，不得任意堵塞，要定期疏浚、修葺，更不得倾倒垃圾污物，要保持河道畅通和清洁，务使碶闸以北的田地不受咸潮灌入，确保丰稔。三通碑刻中，“咸丰碑”“同治碑”讲的是维护碶闸，“民国碑”说的是爱护河道、河埠，虽然东港小碶今已不存在，但三通碑刻仍具有重要的历史价值与现实意义。

首先，东港碶碑刻是晚清至民国时期社会法律秩序存在样态的真实记录。碑刻展示了当时的制度功能。“奉宪禁阻”“勒石永禁”之禁碑体系在明晚期开始显现，于清代逐步发展与完善。

其次，之所以要用刻碑的形式发

民国时期勒石永禁碑

布禁令，而非张贴纸质文告，乃是因为“示禁碑”可以永留。东港碶碑刻中强调的“永禁”“永志”“以垂久远”正体现了永久性特点。将保护东港碶碶闸、河道的禁令立碑，表明地方政府的重视程度。“咸丰碑”与“同治碑”皆有两米之高，更增添了庄严性、权威性与威慑力。

其三，碑刻上的禁令具有持久性。东港碶三通碑刻年代虽不相同，但破坏碶闸、捕鱼捉蟹、堵塞水道的恶行在每个时代皆有发生，后碑禁令是在面对新问题时对前碑的一个补充，即便所铭刻的是古代禁令，今人依然会遵守。

后来，随着大众传播工具的日新月异，“示禁碑”的功效逐步衰弱，渐渐成为历史符号；但它们作为旧时代地方社会法律秩序发展演变的见证与记录，仍具有一定的文献价值。

而石碑能留存至今，当地也有一个“神化”的故事。其中一块石碑立起后不久，当地人就发现每当久旱将雨前夕，在那块石碑碑脚离地面尺余处，会隐约出现“人王”二字。字体并不规则，边缘清晰，似用水写。大旱时，只要石碑上没出现“人王”两字，村民们便知道这老天一定还会旱下去；但如果一旦某一天忽然出现了这两字，村民们就会欢呼雀跃，奔走相告，不出三天，瓢泼大雨必从天而降。“文革”时期，由于石碑头上顶着历代皇帝的帝号和“奉宪”“奉旨”等字样，加上“人王”时常出现，人们认为石碑是“四旧”宣扬“妖言惑众”，决定将其全部砸碎。就在有人抡着大铁锤来到碑前时，忽然发现头天还毫无痕迹的石碑上，竟出现了“人王”两字，原本信心十足的砸碑者竟望而却步，不得不放弃这一念头。这只是民间的一个传闻，却也从侧面折射出文物保护之不易。

此三块石碑于2010年由小碶桥遗址旁迁移至现址，为舟山地区唯一留存的古代有关水利建设的、由官方签署的“勒石禁令”，展现了百年前先辈的环保意识。这是舟山先民最早的一份环保倡议书，让历代官民长期施行的“捍卤蓄淡”方针得以永久落实，是不可多得的历史遗迹，也证实了当年定海的管理者和百姓对碶门的重视。2020年被列入定海区一般不可移动文物。

各法眷出资筑塘助寺碑

集资筑塘 镌石垂功

各法眷出资筑塘助寺碑是清光绪二十五年（1899）由普济寺监院了余等立。“文革”中散失，20世纪80年代寻归，暂放法雨寺前空地中，现已移放在正趣亭边的碑廊中。碑文如下：

各法眷出资筑塘助寺碑墙

白华碑岭

助田碑记

尝闻莫为之前，虽美不彰；莫为之后，虽圣弗传。良有以也。我普陀洛迦庄，土名朱家尖者，卤浸之荒落也。普陀得以为田者，缘我国朝列圣恩免和税，体恤僧艰，有以致之也。聿稽山之普济禅寺，建自梁贞明间，迄今千有余载，沧桑递变，代有废兴。自光绪年间梅卓、隆章、慧源诸长老相继住持，各有建树，大众规模，随时整顿，常住日见起色，衲子投归者渐众，方慧公之住持也。现任坤宝和尚为监院，劝慧公会集前后两寺法眷筹议攒洋，于朱家尖海涂筑塘以为田，工竣之后，按洋多寡剖分亩数。又虑普济常住香积不充，首先捐助八百余洋，为众法眷倡。遂各惠然解囊，共得洋二千六百九十四元。于是普济寺内应得田五百三十八亩八分，因教堂□去所筑之田一半，实得二百六十九亩零，将来变成肥沃，足以充裕常住斋厨。是功德也，虽众法眷之助成，实我坤

各法眷出资筑塘助寺碑

公和尚之倡□，及法眷推举两度住持，接人以礼，待人以诚，竭力尽心，培植常住，孜孜焉惟以振兴为务。光绪廿四年，又复开堂演教，望厥恭归者益众，久居不去者恒数百人，故开阔斋楼、云水堂，以至藏经阁、鼓楼，次弟修理。又念众法眷助田之功德不可湮没，兹将助洋各法眷命匠镌石，以垂永久，俾后来者知其始末云尔。

兹将法眷助洋数目列后：本山众香塘法眷助洋二百五十元，佛顶山信真老和尚助洋二百元，又，坤宝老和尚代付洋二百元，磐陀庵退居梅卓老和尚助洋二百元，灵石庵当家通恒师助洋二百元，洪筏房退居慧源老和尚助洋三百元，白华庵常住助洋六百元，白华庵片云室宗茂老当家助洋四百元，白华庵坤宝老和尚助洋二百四十四元。助田四址：东址法华洞田，南址悦岭庵田，西址众香塘河，北址锡麟堂田，下紫竹林田。另斜角二十亩，东址老塘脚，南址天主堂田，西址紫竹林广学名下田，北址广学名下田。

光绪二十五年□月□日普济寺两序、监院了余、知众善章等立石。

作者：了余（1864—1924），名广导，浙江余姚人。清末民国时期普陀山得道高僧，普济寺住持。

真歇泉石刻

真祖遗泽　史浩篆碑

真歇泉

〔清〕沈大经

真祖留遗泽，泉传人共传。

淄流前后歇，旧址莫轻捐。

真歇泉石刻所在地白华庵

真歇泉

真歇泉位于普陀山前山白华庵大悲阁后，即白华庵厨房后窗的山脚墙壁下。泉大致呈正方形，边长1.5米左右，水位离地面2米左右，水位较浅，泉三边用石栏杆围住。该泉目前为景点用途，保护较好。该泉相传是由宋僧真歇（1091—1151）驻锡普陀，凿山出泉而得名。壁间有宋代文人史浩石刻篆题“真歇泉”三字。据民国《普陀洛迦新志》记载：“宋僧真歇驻锡是山，凿石出泉。起遣后不可考。清法雨寺住持性统，见白华主人启石得泉，史浩篆碑犹在，作偈纪之。”可见后来不要说真歇泉，连史浩的题额也不见了，直到清代，有一天白华庵住持性统偶然翻开庵后山脚下一块大石板，看见了石板下的泉水，那块史浩的题词石碑也露了出来。

真歇泉石刻

由于历史久远，“真歇泉”三字风化严重，字迹变得模糊不清，不过走近仔细辨认还是依稀可看得出。真歇泉栏杆为后期修造，井中依然能见到浅浅的清泉水，俯身静看，似能望穿古今。

真歇是普陀山的开山始祖，史浩的“真歇泉”题词据说是普陀山最古老的摩崖石刻，所以真歇泉也是普陀山人文荟萃之所。

真歇泉石刻所在地白华庵由明代普济寺住持僧如曜创建，清初重建，康熙四十一年（1702）复建大悲阁于东岩下。该庵距海不过数百步，背依郁岭茂林，面临鲸波碧涛，绀殿红楼，环境静幽，山中精庐，惟此为冠。2011年白华庵被列为省级文物保护单位。

二

水脉记忆

留客住

〔宋〕柳永

偶登眺。凭小阑、艳阳时节，乍晴天气，是处闲花芳草。遥山万叠云散，涨海千里，潮平波浩渺。烟村院落，是谁家、绿树数声啼鸟。　旋情悄。远信沉沉，离魂杳杳。对景伤怀，度日无言谁表。惆怅旧欢何处，后约难凭，看看春又老。盈盈泪眼，望仙乡、隐隐断霞残照。

《平水闸记》

疏河御海　费微利广

《平水闸记》系明代鄞州人洪常所著，主要描述了平水闸建造原因、过程及产生的效益。全文如下：

昌国古翁洲也，其地在东。北控登蓬海岛，东捍三韩日本。唐开元二十六年始置翁州县，后废于大历六年袁晁之变。五代时地为鄞属。宋熙宁六年，因部使者以蓬莱、安期、富都三乡际海乃置尉，以主窃寇事。越三年，创县名昌国。元至元五年升为州。明洪武初改昌国县，守御千户所，十三年扩大其城，十九年改设昌国卫，二十年信国汤和起遣悬海居民，止有内境四里，二十五年始改隶于定海。永乐十六年都指挥谷祥重加缮理。正统八年户部侍郎焦公宏整饬边务，以其城广兵少不足于守备，遂裁其东北隅而小之。城内旧有河浦，通海潮，城南置水门，以疏利其壅滞，凡遇春潦秋涨，不能无患，必兴工浚导，事屡劳而迄无成功。成化五年，钦差总督备倭都指挥使张公勇按部至此，视之叹曰："斯城河及沟浦，皆随潮枯溢，苟不有以处之，则军士庶民非惟利弗获，而反蒙其害。于是相度厥宜，鸠工庀材，叠石固基，伐木垒岸，创闸一座，名之曰平水。内以疏河流之泛滥，外以御海潮之怒奔，不逾月而告成。谨启闭之节，获灌溉之饶。岂惟息其劳沾其利，虽淋雨漫潮之沓至，可以免淤滞冲激之患矣。定海卫指挥千百户等官，谓公是役，其费也微，其利也广，盍纪其绩，以示将来，相率乞余文勒石。余惟天下之事，要莫大于利人，能利其人，则虽有劳役，咸乐从事，如文王之经营灵台而庶民子来，白公之穿渠引泾而享其利，皆政绩之美，足以垂后。况此举也，所劳甚约，而惠之所及者甚溥。公总督沿海兵政，凡利之所在，必讲究而举行之。兹一闸之置，亦必深思远计，尽其心而不忘。自非惓惓以体国爱民为念，曷克致此。此可书也。”

（摘自清光绪《定海厅志》）

《论定海水利河之浚》

浚深尺寸　露润长短

此文系清代定海紫微乡人黄式颖所作，主要阐述了定海要安定，必须疏浚河流、筑塘建碶、抗卤蓄淡的论断。民国《定海县志》选录其文如下：

定海之地，濒海而多山，濒海则土性近卤，一遇旱暵，骄阳下逼，咸屑上浮，田禾几何而不槁也。悬海小岙无论矣，以富都言之，只有洞岙、芦花、吴榭三庄之河联为一脉，约有二十余里许，其余或三四百丈或五六百丈，间以山岭而不相通，舟楫之利固无所施，而潦则易盈，旱则易涸，所恃以灌溉者安在哉。旧志载有茅岭湖、中新湖、皋岭湖、白泉湖，东湖，久已淤涨成田，人各据为己有，至泯其形迹而莫可指。其不能再议疏浚以复旧观亦已明矣。顾湖之湮者个可复，而河之存者，独不可浚乎。浚深一寸，则获一寸之利；浚深一尺，则获一尺之利。救就槁之禾得多一二日沾润，其为利讵非浅鲜。且河不浚则日浅，桀黠之徒必有侵河为田，如茅岭等湖之同归湮没者，积久愈难为浚，曷若及时浚之之易为力也。抑吾闻湖州、安吉、孝丰等县山坳盘深、溪流交汇之处必有水荡，筑堰其外，务使坚固不渗，有堰夫守视之。而其内廓乎有容春雨绵下，积为巨浸，以备夏秋开泄之用，济河之穷，纾旱之迫，计无有便于此者。

……

为定海计，水利河之浚，诚为急务，而所恃以界截河海，使河水不至外渗，海水不至内侵者，其关系全在塘碶，尤不可不以时修补也。在昔展复之初，塘碶久废，河与海通，朝潮夕汐，靡日不浸，田畴禾黍不登，民无所赖。厥有江阴缪燧，受任于新辟之时，焦心殚思，以为民捍患，或领帑以兴工，或招垦以集费，濒海塘碶，百废具兴。迄今过大展访遗迹，尚有以缪公名其塘者，啧爱之称历久未艾。莅是土者，岂可不观感而兴起乎。今之塘碶增筑几倍于前，诚恐岁久不修，土崩石泐，流罅露绽，水不得潴，潮不得御，斥卤为患，禾日就槁，而民生病矣！夫定海土狭民稠，势不能不筑涂为田，然而塘愈加多，则去海愈近，而潮力愈健，故最外一塘，必须坚固牢实，或加桩焉，或垒石焉，庶塘身固而田可无患。河既不能多蓄水，则碶之启闭岂得不慎，人情各为其私，种低田者欲其水小而利于泄，种高田者欲其水大而利于蓄，为碶夫者启闭两难，不无偏徇之弊，故必立之水则，以昭均平，而开放乃以有准。

作者：黄式颖（生卒不详），字和生，定海紫微乡（今双桥镇）墩头村人。

《论塘闸》

阻潮泄霪雨 斥卤成膏腴

此文系清代定海知县缪燧所作，主要阐述水利是农田之大计，濒海田地，要肥沃有收成，必须筑塘建闸以抗卤蓄淡。全文如下：

志水利，凡为农田计也。濒海之田，变斥卤为膏腴者，以有蓄洩之水也。堤塘以捍其冲激，则怒潮不能入，碶闸以时其启闭，则霪雨不为灾。自张家闸开于宋，平水闸创于明，邑中数千顷之田赖以溉种，四乡各岙分流环注。如白泉湖、黄马溪，而外为浦为港，所在多有，而土壤滋沃不虞水。而田坍者皆赖堤塘碶闸以蓄洩之而已。尝志窃叹鄞之广德湖废，镇之颜公渠塞，而忧旱甚，水利之难于经久，大抵如斯。定邑田未尽垦地有余利相废，周防要在循次而举行之，庶无令鸿隙芍陂，专美于汉代也。（摘自民国《定海县志》）

作者：缪燧（1650—1716），字雯曜，号蓉浦，江苏省江阴县申港镇人。曾任定海知县达二十二年之久。

千点印记映渔都

《论涂田租米状》

涂田无肥 科征应折

……昌国在环海中，概管四乡一十九都，除富都一乡与本州连陆外，其余三乡都分俱各散在海洋，不比其他州县止是一边靠海，所有涂田周围皆咸卤侵灌。民自备本筑堤岸使涂为田，苟失时不修，堤岸崩漏，田复为涂。其近堤岸，田亩与咸水为邻，止可种稗。其去堤岸稍远，与山脚相接，方可种稻。若遇久旱，则咸气蒸郁，禾尽枯槁。设或久雨，则山水泛溢，禾尽淤没。惟雨水调匀，方可得熟，然后及其他州县下等所收之数。又兼本州别无淡水河港，其山水注下去处，皆与潮通，咸水易以冲入，以此并无肥田。近据民户毕信等告，亡宋时，每亩纳蛮会十八界五百文，归附后，起征省米八合七抄有零，折中统钞一钱二分。以中熟年分秋成价数言之，亦可买折省米二升。今拟涂田每亩科征折省米二升，似为相应矣。观此申述，则州民之贫困亦可想见，岂忍重赋之哉。（摘自元《大德昌国州图志》）

作者：冯福京，明朝人，生平不详，曾任昌州判官。

朱家尖筑塘围涂碑记群

筑塘围涂 立碑铭记

一、朱家尖简介

今天的朱家尖岛，由原先的朱家尖、顺母涂、泗苏和糯米团四个岛组成，这四个岛是经过沧海桑田的变迁，历代普陀山寺僧的筑堤围塘，于新中国

明廊栖霞亭内的康熙五十八年置田碑

成立后连在一起的。

朱家尖古称“福兴山”，唐时也称“顶岸山”，宋元时称为“马秦山”，明嘉靖三十七年（1558）称“乌沙悬岛”，嘉靖四十二年（1563）《定海县志》始称“朱家尖”，据传为最早住民姓朱而名，民国十二年（1923）定海县修志时居民数千户。顺母涂，俗称十亩涂、认母涂，宋元时称顺母山，在朱家尖西二里，民国十二年（1923）居民七百余户。泗苏和糯米团较小，宋元志书中无明显记载。在民国十二年（1923）《定海县志》中，泗苏又称四苏山，在顺母涂北。糯米团又称糯米潭，在朱家尖西。两岛居民均十余户。糯米团与朱家尖间新涨滩地甚广，顺母山与马秦山相隔一港，即石牛港，可泊帆船。朱家尖岛西侧、北侧水域古时为日本、朝鲜和东南亚各国往来交通要道。

二、朱家尖筑塘围涂史

1. 前康熙时期

元大德五年（1301）起，朱家尖岛成为普陀山庙产的一部分，普陀山僧人在朱家尖岛设庙建庵，两岛关系日益密切，朱家尖岛上至今还保留有普陀山寺庵所建下院或田庵，以及据此命名的自然村落。

2. 康熙时期

清康熙二十三年（1684）开放海禁，浙闽沿海居民来朱家尖岛庙跟、大洞岙、白山、香莲及顺母涂一带定居，垦殖渔猎。据康熙《定海县志·间里》记载：“桃花、普陀、朱家尖，皆系僧产。土颇腴。远峙海中，人艰往返。虽展复有年，居民止寥寥十余家。”普陀山梵刹扩建，因供养之需，寺僧陆续来朱家尖岛开发。康熙四十一年(1702)，定海镇守府张彪捐资垦朱家尖田，充入普陀山中。康熙五十二年（1713），僧人绎堂为息来院募置普陀山六峤及朱家尖月岙、西岙底、香莲岭下4处。康熙五十六年（1717），开垦田地山涂4668亩。康熙五十七年（1718），普陀山普济、法雨两寺寺僧奏请，康熙朱批宽免寺庙在朱家尖、顺母涂4668亩土地赋税。康熙五十八年（1719）五月，普济、法雨两寺各立一碑纪念康熙朱批宽免寺庙土地赋税一事。同一年，朱家尖田庵管理僧共立《康熙五十八年置田碑》，补叙五十七年朝廷免粮之事，原植于朱家尖香莲岙老佃房。该碑今存，裂为两段，现移置于印象普陀大剧场（观音文化苑）西侧明廊栖霞亭内。

3. 后康熙时期

在僧人的带动下，特别是在康熙朱批免税之后，达官显贵多有资助，加快了朱家尖的开发。

清乾隆四十三年（1778），法雨寺住持郎和在朱家尖白山头（今白山风景区）一带筑塘，时筑时坍，始终未放弃。直至嘉庆八年（1803）法雨寺僧人超尘得到浙江提督李长庚资助，继承郎和遗志，终于筑就朱家尖白山头堤塘，得田800亩。乾隆五十六年（1791），浙江提督陈杰等2人，捐资筑朱家尖香莲岙石塘，围田上千亩。陈杰作《捐助朱家尖香莲岙海塘记》（全文附后）、释了尘赋《普济寺香莲岙筑塘碑记》（全文附后）以纪念。

清嘉庆年间（1796—1820），厦门提督王某、浙江提督邱某、广东提督李某、定海知县沈泰，各捐银，助筑普济寺朱家尖香莲岙泥塘，沈泰作

《香莲岙添筑泥塘记》（碑已遗失，全文附后）。嘉庆十七年（1812），承恩堂僧融通赎回朱家尖大水潭、小谰田归普济寺。

清道光五年（1825），普济寺住持鸿崑（或曰承恩堂僧），倾尽多年积蓄修葺寺宇。虑僧众乏食，置朱家尖香莲、白山、小洞岙等处田产，分助三大寺及各庵堂。道光十六年（1836），朱家尖、顺母涂有普陀山寺产6000余亩。道光十九年（1839），普济寺住持鸿崑购置香莲岙土产清一堂中垄田50亩，又助本寺白沙港田地山场1岙，助法雨寺朱家尖西荷花池坟头山一侧，助慧济寺西荷花池田20亩，助前山各庵小洞岙田地60亩。

清光绪十八年（1892），僧人戒文、开如等筑成朱家尖众香塘，得田上百亩。光绪二十一年（1895），僧人坤宝置朱家尖田30亩归本山。

普陀山各寺院的地产中，以朱家尖为最多。据民国《定海县志》中《舆地·列岛》朱家尖条："朱家尖禾田居全岛三分之一皆普陀僧产"；《舆地·水利》中又言："朱家尖禾田居全岛三分之二皆属僧产。"民国《普陀洛迦新志》记载普济寺寺产在朱家尖者，说清康熙四十四年（1705）时，有地620多亩，其中朱家尖就有390亩；道光十二年（1832），有地1700多亩，其中朱家尖有1200多亩；民国十三年（1924），有地1620亩，其中朱家尖就有1361亩。

三、相关碑文

1. 清康熙《恩免普陀钱粮碑记》

康熙五十八年（1719）五月，浙江巡抚朱轼、杭州织造孙文成撰，碑勒有三，分植前（普济寺）后（法雨寺）两寺及朱家尖老佃房，纪念康熙恩免普陀寺庙土地税赋一事。碑身高约 2.86 米，厚约 2 米，宽约 1.58 米。碑顶高 0.9 米，趺身高约 0.68 米，长约 2.23 米。碑在御碑亭西。碑文如下：

康熙五十七年十一月二十五日，准内务府清字咨文，奉旨将普陀洛迦山普济、法雨二寺和尚心明、性统开垦田地，求免钱粮原折，交与织造孙文成与浙江巡抚朱轼，查明妥议，具奏，钦此钦遵，等因到。臣遵即会同行据定海县知县曹秉仁，亲往安期乡朱家尖、顺母涂地方，查丈寺僧开垦之产，共田地涂山三十三顷一十五亩三分零，内已报起征田地涂山二十八顷八十二亩五分零，应征银六十一两四钱四分五厘零，米一十四石一斗六合零。又已报升科，尚未起征田地涂山四顷三十二亩八分，应征银七两一钱三分六厘零，米二石二斗九升六合零。又朱家尖未垦田地一十二顷五十三亩，俱经寺僧筑塘管业。该县逐一丈明，备造清册，详送前来。经臣孙文成奏请，蒙皇上鸿恩，将朱家尖、顺母涂已垦田地三十三顷一十五亩零，未垦荒地一十三顷五十三亩，一概宽免。奉旨传与巡抚照此折依议钦遵在案。……臣等谨

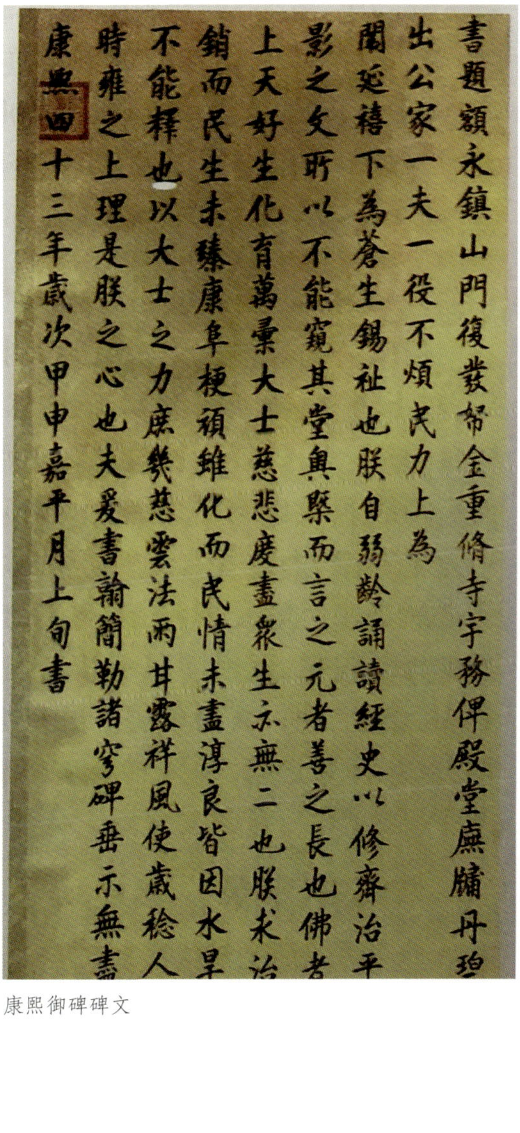

康熙御碑碑文

将饬僧免赋情由勒石，永垂千秋万祀云。

浙江巡抚臣朱轼、杭州织造臣孙文成，恭撰，进呈。

皇上朱批云：是知道了，钦此。

康熙五十八年五月。

2.《康熙五十八年置田碑记》

碑于康熙五十八年（1719）由朱家尖田庵管理僧共立，补叙五十七年朝廷免粮之事，原立于朱家尖香莲岙老佃房，后置于镇政府院内，该碑今存，裂为两段，现移置于印象普陀大剧场（观音文化苑）西侧明廊栖霞亭内。碑高 1.62 米，宽 0.8 米，厚 0.23 米。碑文残缺，如下：

康熙五十八年置田碑

远广永□

佛陀□济□□□

石碑

普陀大寺常住

□桑□□□无斋田潮祖老和尚开创兹山始愿开田于朱家尖土名润田者海□□蕙海庵二师尽心领众方圆开成虽云人力实有神助陆续置买四□□□拓成一岙山园田地数千百亩先后二十余年费过数千余金成功

□□□□□□者荷蒙　皇上天恩全免合山赋役后立碑

大士圣火永为供众斋用□□□□□ □□□□本愿行人血汗□分传典为此集众公议立石垂远如□

另开香莲浦山

住山心明暨职事

前后公议治田耆宿僧　卓然　履中　□庆中赞　□□　克勤　晓初　□□　□□　辩□　灵一　弘道　剖疑　世沐　本微　延洪　允复　明圆大洪

康熙五十八年

3.《捐筑朱家尖香莲岙海塘记》

该序作者陈杰，是位清朝官员。记中写道：

普陀为四大名山之一，五代时，有不肯去观音院。历宋、元、明，俱发帑金建置，并赐田亩，以为法产。至国朝，圣祖、世宗皇帝宏廾法愿，叠赐帑金，珠宫金殿，炳耀海天。复蠲免朱家尖等山租赋，并许运米出海，是诚天恩浩荡，缁流焚顶，所藉以活慧命者也。余奉命巡洋，道经南海，由短姑入三摩地，经妙庄严路，谒金容。回首见林林总总，或坐蒲团，或翻贝叶，或依岩而栖，或踞洞而守。皆阐扬佛教，顶礼圣恩。余问主席了尘："禅门广众，香积未裕，何以普济也？"答云：现在人浮于食，二时饘粥，耕获之余，惟赖檀波。有朱家尖、香莲浦，涂场一片，兴工筑塘堤，可千亩，足济僧众。但工程浩大，非得数千金不能告竣也。

余闻说，即立愿出俸金，并劝各同寅，俾出资共襄其事。于乾隆辛亥年九月初，鸠工筑塘。壬子冬，余阅定海营水阵过朱，但见香莲浦，塘稧河道，厘然井井。向之白坟广斥，潮来作海。今居然茂草萋萋，生机勃勃。行见数年蓄淡之后，播嘉种，庆登场，歌大有之年。而缁素云集，欢腾于香积厨之右者，可预卜也已。是为记。

4. 清乾隆《普济寺香莲岙筑塘碑记》

当年普陀西南朱家尖几千亩土地均属普陀山寺产，收租以供斋粮。由于受风潮影响，土地尽荒，收效甚微。后普济寺在香莲岙筑塘以防风潮侵袭农田，并于乾隆五十六年（1791）立《普济寺香莲岙筑塘碑》，碑文由普济寺住持了尘和尚撰。原植朱家尖香莲岙新田庵，后散落于正趣亭路边。碑文如下：

普济寺香莲岙筑塘碑

盖闻古今兴废，虽由天定，亦赖人为，故自毁而成者，其功不可忘，其事实堪颂也。南海普陀，为大士示现之区，凡我缁衣挂单驻锡，千有余众。向赖朱家尖有田千亩，以奉斋供而济饘粥。迨后风潮汹涌，冲决石堤，良田尽为荒垄。衲孤悬海外，托钵无门，既虑香灯不给，更愁饔飧难支。僧徒星散，渐见凋零。辛亥年，幸逢提宪陈公、镇宪伊公巡视海道，乘风登岸，瞻礼金容。其夜叙谈于永寿桥畔，备陈艰况，蒙发慈悲之善愿，遂捐筑以重耕。募劝当道巨公，各施兼金，衲鸠工庀材，重筑塘堤，不期年而工竣。现在复事耕耘，瘠土又成膏壤。伫看满刹腾欢，含哺鼓腹。诵金经，永护法门不二；礼三宝，长祝圣寿无疆。从此重畅宗风，再理香积，实赖二公之大德也。后之贵官善士，犹能继其志焉，时加修葺，亿万斯年之香火，可以永垂不朽矣。

5. 清嘉庆《香莲岙添筑泥塘记》

清嘉庆十八年（1813），沈泰撰立《香莲岙添筑泥塘碑》。原植朱家尖田庵，现已佚失。碑文如下：

普陀为观音大士显化道场，接待十方僧众，衣钵饘粥，募化所不给者，赖于力田，以故山无旷土。而对岸朱家尖之香莲岙淤涂，久经筑塘成田。恭值圣朝，泽周寰海，惠沛双林，蠲国赋以种福田，赐内帑以光梵宇。灵山之仰荷天庥，盖已久矣。

癸酉秋，余来守土，接见方人，得以备悉梗概，兹前寺方丈融通禀云：“香莲岙涂田，旧筑乌石子塘，每遇风潮，不免咸水浸灌。现蒙厦门提督王、浙江提宪邱、广东提宪李、本县沈，各捐俸银六百元，石塘之外，添筑泥塘一段，瘠区永成沃壤。并奉各提宪钧谕，前寺于收获时，每年分给法雨寺、佛顶山灯油银各十二两。”余心钦各提宪之盛举，而乐与图终也，亦分常俸以助合尖焉。融通乞存案卷，并请勒石，以垂久远。从此力穑有秋，红粟聿盈于香积；书词记事，慈云永绕夫穹碑。祝帝道之遐昌，万年无斁；法轮之常转，瞻千劫不磨。是为序。